핀헌터와
1:1
트레이닝

핀헌터와 1:1 트레이닝

발 행 인	유지훈
글 쓴 이	이기성(핀헌터)
교정교열	편집팀
초 판	1쇄 발행 2019년 08월 30일
펴 낸 곳	투나미스
주 소	수원시 팔달구 정조로 735 해피니스 빌딩 3층
출판등록	2016년 6월 20일
주문전화	031-244-8480
팩 스	031-244-8480
홈 피	http://www.tunamis.co.kr
이 메 일	ouilove2@hanmail.net
I S B N	979-11-87632-79-5 (13690)
가 격	13,500원

핀헌터와
1:1
트레이닝

이기성

볼링을 처음 배울 때는 모든 스포츠가 다 그렇듯, 모방에서 출발한다. '저 사람이 잘 하는 것 같다' 싶으면 그의 자세를 보면서 볼링의 스타트를 끊는다. 하지만 모방에서 시작하더라도 기초가 가장 중요하다.

초보자는 기본적인 자세부터 알아야 한다. 처음부터 나쁜 자세가 길들여지면 이를 고치기란 매우 어렵기 때문에 정확한 자세를 이해하고 연습해야 할 것이다.

그러면 볼링의 기초 이론부터 차근차근 살펴보자. 기초를 알아야 볼링을 잘 할 수 있다. "어떻게 하면 볼링을 잘 할 수 있나요?" 초보 볼러들이 많이 하는 질문이다. 필자는 중고교, 대학을 거쳐 현재는 프로선수로 활동하고 있다. 구력은 약 19년 정도 되었고, 중학교 시절부터 선수 생활을 했다.

볼링은 세 가지가 중요하다. '리듬'과 '밸런스' 및 '타이밍'을 두고 하는 말이다. 이 셋만 정확히 구사할 수 있다면 더는 필요가 없다. 물론 독자 여러분은 너무 포괄적인 이야기로 들릴 것이다. 쉽게 말하자면 볼링은 걸어가면서 공을 던지는 스포츠다. 몸을 움직이면서 물체를 맞춘다는 것은 상당히 어려운 일이다.

고도의 집중력과 정확성이 필요한 종목은 대개 정적인 스포츠가 많다. 양궁도 멈추어 쏘고, 사격도 몸을 멈추고 방아쇠를 당긴다. 동적인 스포츠도 많다. 이를테면 축구나 농구 등, 여러 가지가 있는데 물론 골은 잘 들어가지 않는다. 왜 그런가? 동적인 운동은 정확성이 떨어지기 때문이다.

볼링도 마찬가지로 몸을 움직이면서 기술을 구사하는 스포츠다. 그러다 보니 제구력과 정확성을 높이기가 어렵다. 예컨대, 컬링도 선수가 몸을 움직이면서 스톤을 던진다. 비유를 하자면 컬링 선수처럼 볼링도 몸의 자세가 일정하면 잘 할 수 있지 않을까 싶다. 몸을 움직이지만 정적인 자세로 움직여야 하기 때문이다. 마지막에는 중심을 잡고 자세가 흐트러지지 않은 상태에서 공을 놓아야 점수를 올릴 수 있다.

리듬과 밸런스는 스텝에서 결정된다. 볼링은 크게 '스텝'과 '스윙'으로 나눈다. 팔과 손에만 주의가 집중되면 볼링을 잘 구사할 수가 없다. 이럴 때는 볼링공을 오른쪽으로 보내고 싶어도 왼쪽으로 굴러가고 반대의 경우도 벌어질 수 있다. 제구력이 떨어지니 핀을 맞추기가 쉬운 듯해도 잘 맞질 않을 것이다. 왜 그럴까? 몸의 밸런스가 맞지 않기 때문이다.

어떻게 해야 몸의 밸런스를 잘 맞출 수 있을까? 오른팔을 앞으로 나란히 올려보라. 볼링공은 팔의 방향으로 진행한다. 어깨에서 팔 끝을 연결하는 선의 방향으로 나아간다는 것이다. 팔을 밖으로 혹은 안쪽으로 당기면 볼도 그대로 굴러가게 마련이다. 따라서 몸통의 방향은 볼을 손에서 놓을 때까지 일정해야 한다. 몸의 방향을 우측으로 틀면 공도 오른쪽으로 진행할 것이다.

볼링 점수를 높이고 싶은가? 우선 볼을 자신이 원하는 방향으로 굴릴 수 있어야 한다. 이를 해결하면 150은 금세 넘긴다. 애버리지 150만 넘겨도 괜찮을 것 같다는 사람도 많다. 공을 원하는 곳으로 보낼 수만 있어도 150~170까지는 단숨에 올릴 수 있다.

 핀은 크게 가운데, 왼쪽과 오른쪽으로 배열한다. 볼은 가운데로, 왼쪽 혹은 오른쪽으로도 보낼 줄 알아야 한다. 오른쪽으로 볼을 보낼 때 팔을 오른쪽으로 벌리면 안 된다. 설령 맞춘다손 치더라도 일정하게 맞추기는 어려울 것이다.

 볼을 오른쪽으로 보내고 싶다면 몸을 방향을 오른쪽으로 틀어야 한다. 왼팔은 수평으로 벌리고 오른팔은 앞으로 나란히 올렸을 때 팔과 팔의 내각은 90도를 유지한다. 오른팔을 오른쪽 귀 뒤편으로 스윙하면 볼은 곧장 전진할 것이다. 볼을 오른쪽으로 보내고 싶다 해서 팔을 오른쪽으로 벌리면 안 된다. 오른손을 쓰면 왼발이 마지막에 착지하는데 왼발 엄지발가락을 타격할 핀에 맞추라. 그럼 몸도 정확한 방향으로 틀어지고, 볼도 정확히 오른쪽으로 굴러가게 된다.

 스윙 동작이 동일한 상태에서 몸의 방향이 제대로 구사된다면 일관성도 높아지고, 볼 또한 원하는 방향으로 수월하게 던질 수 있을 것이다.

레인과 핀

 레인은 39쪽이다. 1인치짜리 나무 39개가 배열되어 있다. 가운데 스폿을 중심으로 양쪽이 각각 19쪽으로 이루어져 있는 것이다. 파울라인에서 1번 핀까지의 거리는 약 18미터다. 야구에서 투수가 포수에게 투구하는 거리와도 같다.

핀은 10개가 서있다. 핀은 앞에서 뒤로, 좌에서 우로 번호를 매긴다. 레인 한복판에는 삼각형 화살표(에이밍 스폿)가 있고 그 뒤로는 동그란 점들(가이드 스폿)이 정렬되어 있다. 서는 자리에 있는 점은 '스탠딩 스폿'이라 부르는데, 각 점은 핀이 서있는 위치를 알려준다. 스탠딩 스폿은 다섯 쪽마다 하나씩 그려져 있으며 사람마다 보폭이 다르기 때문에 앞뒤로 둘을 둔다.

파울라인에 있는 점도 스탠딩 스폿과 동일선상에 있으며 이 선을 연장시킨 자리에 핀이 서있는 것이다. 즉, 스폿은 핀이 서있는 자리를 일러주는 표시로 보면 된다. 멀리 있는 핀을 보고 치면 굉장히 어렵기 때문에 에이밍 스폿이 있는 것이다. 핀이 아니라 에이밍 스폿을 보고 던져야 한다. 그래야 정확한 위치를 타격할 수 있다.

스트라이크

핀은 다섯 쪽마다 서있다. 공이 어디를 타격해야 스트라이크가 나올까? 1번 핀을 두껍게 혹은 얇게 맞아도 스트라이크는 나올 수 있다. 볼링은 정확히 구사하는 것이 가장 중요하지만 정확하지 않아도 스트라이크가 되는 경우도 더러 있다. 조준이 정확해야 실수를 하더라도 스트라이크 확률이 높아지는 것이다. 오른손을 기준으로, 볼이 17~18보드 안에 들어가면 거의 스트라이크가 된다. 정확히는 17.5보드라고 하지만 볼이 이 안팎으로 접근하면 스트라이크 확률은 크게 높아질 것이다.

물론 볼이 정확히 들어가도 핀이 남는 경우가 있다. 5번 핀이 남거나 스플릿이 날 수도 있다. 볼링에는 '스트라이크 확률'이 있다. 10개의 핀이 어떤 경위로 다 쓰러지는지 알면 확률을 키울 수가 있다.

볼링공이 1, 3번 사이를 타격하면 스트라이크가 나올 확률이 높아진다. 그렇다면 볼이 오른쪽에서 왼쪽으로 꺾이면서 1번 핀을 향해 갈 때 공이 직접 때리는 핀은 몇 개일까? 정답은 넷이다. 서있는 핀은 10개지만 타격하는 핀은 넷뿐이다. 1번과 3번을 맞히고 나면 5번과 9번 순으로 타격한다. 스트레이트(직구)로 공을 굴리면 5번 핀이 남는 경우가 많다. 볼이 회전하면서 포켓 안으로 진입해야 하는데 공이 1, 3번을 타격 후 밀려 버리면 5번 핀이 그대로 남는 것이다.

볼의 훅이 크면 클수록 안으로 들어가려는 힘이 강해지므로 5번 핀을 훨씬 강하게 때릴 수 있고 스트라이크 확률도 커진다. 때문에 훅이 큰 볼러의 스트라이크 확률이 더 높은 것이다. 구질에는 '스트레이트'와 '훅'이 있는데 훅을 선호하는 이유가 여기에 있다. 결국 5번 핀이 남는 이유는 공의 회전각이 작기 때문이다.

스코어링 시스템

점수를 올리고 싶은가? 우선 스코어(점수) 시스템을 이해하는 것이 수순이다. 그러지 않고는 '몇 점을 올려야지'라며 계획을 세울 수는 없다. 스코어 시스템부터 공부하라.

프로 테스트 필기시험에도 스코어 시스템이 나오는데 프로 지망생이라면 다 맞출 거라는 예상과는 달리, 절반 이상이 틀린다. '9개, 스페어, 8개, 오픈 …' 등을 열거해 두고 스코어를 다 쓰는 식으로 출제된다.

예컨대, 9/(스페어)로 시작해서 10프레임까지 전부 9/9로 끝난다면 점수는 몇일까? 190점이다. 9/(스페어), ×(스트라이크), 9/(스페어), ×(스트라이크)가 마지막

까지 이어진다면 몇 점이나 획득할 수 있을까? 200점이다. 스트라이크를 다섯 번이나 쳤음에도 앞선 경우(스트라이크를 한 번도 못 쳤다)보다 10점 밖에 차이가 나지 않는다. 따라서 볼링의 점수를 높이고 싶다면 계획을 잘 세워야 한다.

가령 스페어를 처리했다면 다음 프레임에서는 무조건 많은 핀을 쓰러뜨려야 한다는 점을 염두에 두라. 물론 스트라이크를 치면 좋겠지만 그러지 못하더라도 다수의 핀을 쓰러뜨려야 한다는 말이다. 1번 핀을 맞히면 최소 일곱 핀은 넘어가니 적으면 한두 개만 남을 것이다.

스트라이크는 연이어 치지 않고 간헐적으로 획득하면 별 의미가 없다. 스트라이크는 연이어 모아야 한다. '애버리지 200이 목표'라면? 스트라이크를 연속으로 3회(터키) 기록할 역량이 된다면 200이 가능해진다. 터키가 안 되면 애버리지 200은 나오기가 매우 어렵다.

애버리지가 '230' 정도 된다면 그는 스트라이크 6회 연타(식스인어로우)를 기록할 능력이 있다는 방증이다. 230은 스트라이크 6개가 연이어 나와야 획득할 수 있는 점수이기 때문이다. '애버리지average'란 말 그대로 평균점수를 가리키기 때문에 애버리지 230은 스트라이크가 7개 정도 나와야 가능할 것이다. 이는 도중에 오픈이 되거나 스플릿이 나올 가능성을 감안한 계산이다.

'나는 170점이면 족하다' 싶다면 오픈이 둘을 넘어선 안 된다. 오픈(스페어를 처리하지 못해 핀이 남는 경우)이 셋 이상 벌어지면 점수는 170 아래로 떨어진다. 그러니 계획을 잘 세워야 한다. 스페어를 잘 처리해야 170, 180, 190까지 끌어올릴 수 있다. '200'은 연타 능력이 뒷받침 되어야 가능하다.

150, 160은? 앞서 언급했듯이 공을 오른쪽, 왼쪽 혹은 가운데로, 자신이 원하는 방향으로 보낼 수만 있으면 해결된다.

스페어를 잘 처리하고 싶다면? '스트라이크는 명예이고, 스페어 처리는 돈이다' 라는 속설이 있다. 일리가 있는 말이다. 내기에서 지는 이유는 스페어를 처리하지 못하기 때문이다.

스트라이크를 많이 해서 이기는 경기는 별로 없다. 대개는 스페어 처리에 따라 승패가 갈리게 된다. 스페어를 잘 처리하려면? 당연히 핀을 적게 남기면 된다. 핀이 하나 있을 때와 둘 있을 때, 처리 확률은 확연히 달라진다. 핀이 셋이 남으면? 확률은 훨씬 더 떨어진다. 때문에 1번 핀(헤드핀)은 무조건 맞혀야 한다. 1번 핀을 연신 맞추지 못하기 때문에 100점 이하로 떨어지는 것이다. 초보라면 왼쪽에서든 오른쪽에서든, 1번 핀을 맞추는 것부터 연습하라. 그러고 나서 공을 왼쪽으로, 혹은 오른쪽으로 보내는 연습을 한다. 그래야 목표 점수를 두고 의미 있는 계획을 세울 수 있을 것이다.

스페어 처리법

핀의 크기는 30센티미터 남짓 된다. 무게는 3파운드 6~10온스 정도(약 1.5킬로그램)다. 몸통의 가로 길이는 약 12센티미터다. 실제로 보면 생각보다 크다. 핀이 남았을 때 이를 맞혔다고 마냥 좋아해선 안 된다. 핀의 특정 부분을 맞히는 연습이 부족하다면 말이다.

오른손잡이는 핀의 우측면을 타격하는 것이 좋다. 볼의 훅성 때문에 우측면을 가격해야 하는데, 어쩌다 보니 좌측을 때려 스페어를 처리했면 운이 좋았다고 봐야 한다. 다음에도 볼이 같은 방향으로 가면 핀을 놓칠 공산이 크다.

핀의 왼쪽이나 오른쪽, 혹은 가운데를 정확히 맞힐 수 있다면 스플릿을 처리할 수 있어 바람직하다. 핀과 핀이 떨어져 있는 것을 '스플릿split'이라 한다. 핀과 핀이 붙어 있으면 스플릿이 아니다. 아울러 1번 핀이 서있으면 핀과 핀이 떨어져 있어도 이를 스플릿으로 간주하진 않는다. 즉, 1번 핀이 없는 가운데 핀과 핀이 떨어진 상태를 '스플릿'이라 한다.

가령, 3번과 10번 핀이 남았다고 치자. 스플릿 처리는 확률게임과도 같다. 스페어 처리는 '직접 타격'이 기본적인 원칙이다. 핀이 둘 있으면 공으로 둘을 모두 맞혀야 한다는 것이다. 둘 중 하나만 쓰러뜨리면 목탁 소리가 나서 그런지 속으로 '목탁'이라 하는데, 하나만 맞추는 경우도 허다하다. 핀이 하나만 남았다면 '목탁'을 염려할 필요가 없듯 핀이 많이 남을수록 처리 확률은 점점 낮아질 것이다.

두 개의 핀을 공으로 모두 맞혀야 스페어를 놓칠 확률이 크게 줄어든다. 이때 '핀의 어느 부분을 맞힐 거야'라는 계획이 필요한데 이를 '키핀'을 세운다고 한다. 직접 맞혀야 하는 핀의 어디를 타격해야 할까? 3번과 10번이 남았을 경우, 이를 '베이비 스플릿'이라 부른다. 가장 쉬운 스플릿에 속하기 때문에 붙여진 이름이다. 3번의 왼쪽을 공략해서 10번까지 해결하는 경우도 물론 있지만 그건 '운이 좋았다'고 본다. 실수로 처리했으니 정말 감사해야 할 일이다.

가장 어려운 스플릿은 7번과 10번이다. 일명 '골포스트(세븐텐 스플릿)'는 어떻게 처리해야 할까? 골포스트 스플릿은 3쿠션으로 맞혀야 한다. 오른손잡이의 경우라면 10번 핀이 벽을 맞고 튀어 7번을 처리해야 가능하다. 프로볼링협회KPBA에서 '7, 10 스플릿'을 처리한 선수는 스무 명 정도로 집계되고 있다. 골포스트는 공이 둘로 쪼개지지 않는 한 직접 타격은 불가능하다.

스플릿이 남았다면 핀의 어디를 맞혀야 처리할 확률이 높아질지 고민해야 한다. 그러면 설령 실수를 해도 남은 핀을 처리할 수 있는 데다 제구력과 집중력도 늘 것이다. 볼링의 재미는 이때부터 시작된다.

실력이 늘면서 느끼는 볼링의 매력은 내가 원하는 방향으로 공을 보내 스트라이크를 만드는 데 있다.

여러분이 스페어를 처리하지 못하는 이유는 볼을 가운데로 굴리는 연습만 해서 그렇다. 볼링을 할라치면 가운데 핀만 겨냥한다는 이야기다. 7번과 10번 핀도 공략하는 연습이 필요하다.

핀이 남을 때만 이를 치려고 하면 연습량이 부족하기 때문에 스페어를 처리하는 실력이 더디게 마련이다. 그래서 핀을 놓칠 것 같다는 생각이 든다. '어려운데 …' 싶으면 놓치기 십상이다. 그런 걱정을 불식시키는 것이 연습이다. 자신 있게 '몇 번 핀 어디를 맞히면 되겠네.' 확신하면 분명 잡힌다.

선수도 연습을 많이 한다. 시합 때 10번 핀이 남았다 치자. '아, 불길한데 …' 잠깐이라도 이런 생각이 들면 몸이 반응해 놓치는 경우가 부지기수다. 연습량이 적어서가 아니다. 긍정적인 자세가 중요하다는 것이다.

볼링은 한 번 던질 때마다 200원 정도의 비용이 발생한다. 스트라이크 면 400원 정도가 될 수도 있다. 그러다 보니 한 번, 한 번의 투구가 상당 히 중요하다. 한 번의 투구에 요금을 지급하고 나도 얻어가는 게 있어야 하는데 그런 것 없이 막무가내로 굴리면 안 된다.

처음에는 1번 핀을 맞추려 하지 말고, 10번 핀부터 맞혀보라. 이처럼 거 꾸로 하는 연습도 필요하다. 스페어를 만들어 놓고 연습하는 게 아니 라 애당초 스페어를 잡겠다는 생각으로 굴리는 것이다. 항상 두 번은 던 질 수가 있으니 기회비용도 줄어든다. 그리고 나서 핀이 많이 살아있다면 1, 3번을 공략하라. 그 다음에는 7번을 맞히고 1, 3번을 연습하는 것이다. 부단한 연습으로 자신감을 얻어야 스페어를 잘 처리할 수 있다. 점수도 일취월장 올라갈 것이다.

아대

아대를 착용하는 첫 번째 목적은 손목을 보호하는 데 있다. 두 번째, 아대를 쓰면 타이밍이 일정해진다. 엄지를 못 빼는 사람도 아대를 착용하 면 엄지손가락이 잘 빠진다. 손목을 고정하면 엄지는 자연스럽게 빠지기 때문이다. 엄지 각도를 63도로 지공하면 아대 착용시 엄지가 잘 빠진다. 하지만 손목이 꺾이면 각도가 틀어져 엄지가 잘 빠지지 않아 타이밍을 놓 치기 쉽다. 그러니 아대만 껴도 엄지 타이밍을 일정하게 유지할 수 있다.

엄지 타이밍이 일정해야만 제구력이 생긴다. 릴리스가 항상 일정하기 때 문이다. 초보자라면 아대 착용을 권한다. 아대의 기능은 가격이 저렴하든, 비싸든 동일하다. 고가의 아대가 좋은 점은 가볍고 착용감이 좋다는 것. 비싼 아대 보다는 일반적인 저렴한 아대를 써도 괜찮다. 여담이지만, 볼링

장비는 갖추는 게 훨씬 유리하다. 볼이 손에 맞으면 부상할 위험이 적기 때문이다.

  고정식 아대도 있지만, 대개 아대는 손목 부분이 움직인다. 손목 움직임이 원활해지면 손목을 이용하면 회전량을 늘릴 수도 있다. 아대는 뒤로 꺾이는 각도를 조정할 수 있다. 손목이 꺾이는 각도가 클수록 회전량이 많아지고 엄지 타이밍도 좀더 빨라진다. 미디엄이나 라지, 엑스라지, 혹은 스몰 등, 크기가 맞는 아대를 착용하는 것이 무엇보다 중요하다.

CONTENTS

BASIC

CONTENTS

INTERMEDIATE

CONTENTS

ADVANCED

BASIC

4분 만에 점수 올리는 법

볼링장에 처음 갔어도 내기에서 지고 싶지 않다거나, 동료나 부하직원에게 지고 싶지 않은 독자를 위해 4분 속성 볼링 노하우를 준비했다. 단 몇 분 만에 100점을 넘기는 요령을 알아보자.

요즘은 볼링의 인기가 높아져 볼링장을 처음 찾는 사람이 상당히 많다. 하지만 막상 공을 굴릴라치면 볼이 거터로 빠지는 경우가 비일비재하다. 연말연시가 되면 볼링장을 찾는 회사도 더러 있다. 내기 볼링도 많이들 하는데, 점수가 높은 볼러라면 건너뛰어도 된다.

볼링핀은 생각보다 멀리 서있다. 60피트로 약 18미터 정도 된다. 15피트에 서있다면 맞히기가 훨씬 더 수월할 것이다. 당연히 멀리 있는 물체보다 가까운 물체를 맞히는 것이 더 쉽다. 즉, 가까이 있는 스폿을 눈여겨봐야 한다. 레인을 보면 날씬한 삼각형 일곱 개가 있다. 이 삼각형의 위치는 볼링핀이 서있는 위치와 같다. 즉, 멀리 볼 필요가 없다는 이야기다. 멀리 있는 핀을 맞히려니 힘든 것이다. 가까이에 있는 삼각형 스폿을 보면 된다.

서는 자리에는 점이 찍혀있다. 이 점 또한 핀이 서있는 위치를 말해준다. 따라서 어프로치에 있는 점과 레인에 있는 점, 그리고 핀이 서있는 위치는 모두가 동일한 셈이다. 이것만 알아도 볼링을 쉽게 할 수 있다. 어프로치에 있는 가운뎃점이 다른 것에 비해 훨씬 크다. 가운뎃점을 센터라 한다. 우선 왼발(오른쪽 끝)을 가운뎃점에 맞추고, 두 번째 화살표에 시선을 고정시키라. 어느 볼링장에 가든 이렇게 시작하라. 이때 주의할 점은 딱 한 가지! 어깨는 움직이지 말아야 한다는 것이다.

오른팔을 '앞으로 나란히' 자세로(왼팔은 수평으로 펴면서) 공을 굴리면 내각은 90도가 되고 공은 직진하게 된다. 그러나 오른쪽 팔꿈치와 뺨의 사이가 벌어지면 공은 오른쪽 거터로 굴러갈 것이다. 어깨와 몸을 고정하고 팔만 가볍게 스윙한다고 생각하면 된다. '던지는 것'이 아니라 '굴리는 것'이 중요하다! '공을 던져서 세게 맞히리라' 고집을 부리면 100점도 넘기기가 어려워진다.

공을 고를 때 무작정 무거운 것을 선택해서는 안 된다. 엄지손가락을 넣는 구멍이 너무 작지 않고 편히 빠진다 싶은 볼을 골라야 한다.

또한 절대 핀을 봐서는 안 된다. 핀을 보는 순간 몸의 방향이 틀어지게 된다. 그리고 세게 던지려는 욕심은 버리고 가볍게 굴린다고 생각하라. 이렇게 굴리면 1번 핀을 쉽게 맞힐 수 있을 것이다. 1번 핀을 맞히면 핀이 두서 개만 남기 때문에 점수가 비교적 많이 나온다. 그래야만 스페어도 처리하기가 수월해진다.

투구 정리

1. 어프로치 가운뎃점에 왼발 오른쪽 끝을 맞춘다.
2. 두 번째 화살표(스폿)에 공을 통과시킨다 생각하고 스폿에 시선을 고정한다.
3. 어깨를 고정한 채로 스윙한다.

나도 아대를 껴야할까?

핀헌터 김혜진 선수와 함께 아대에 대해 알아보겠습니다. 김혜진 프로님 안녕하세요.

김혜진 안녕하세요. 김혜진 프로입니다. 대개는 코브라 아대와 몽구스 아대를 많이 쓰는데요, 우선 코브라 아대는 검지를 받쳐주기 때문에 사이드 롤을 많이 발생시킵니다. 혹을 많이 만들어주는 아대라고 보면 되고, 몽구스 아대는 손가락을 감싸주기 때문에 리프팅이 강해져 전진롤이 좀더 발생합니다.

▲코브라형 아대

▲ 몽구스형 아대

핀헌터 코브라 아대와 몽구스 아대를 정리하자면, 코브라 아대는 생김새가 마치 코브라처럼 올라와 있죠. 검지를 받쳐주기 때문에 턴을 할 수 있는 힘이 좋아집니다. 즉, 훅성을 많이 만들어줄 수 있는 아대라고 보면 되고요, 반면 몽구스 아대는 손가락을 전체적으로 감싸줍니다. 그래서 중약지의 리프팅을 더 강하게 만들어줍니다.

몽구스는 코브라보다 엄지 타이밍이 조금 더 빠르죠. 엄지 타이밍이 빠르다 보니 손이 빨리 돌아가는 실수가 나올 수 있습니다. 리프팅을 제대로 할 때 팔꿈치가 먼저 돌아가지 않도록 유의한다면 몽구스 아대를 잘 사용하는 볼러라 할 수 있습니다.

김혜진 프로님은 구질이 스트로커죠?

김혜진 예.

핀헌터 그래서 아대를 많이 사용하는데, 아대를 사용하는 이유는 뭐라고 생각하시나요?

김혜진 처음에는 손목 보호 차원에서만 아대를 착용하는 줄 알았는데 그뿐 아니라 중약지에 대한 근력과 유연성을 배가하는 데도 도움이 되더라고요.

핀헌터 김혜진 프로님이 사용하는 아대로 착용하는 요령을 일러드릴게요.

김혜진 우선 위에 있는 찍찍이를 대충 붙이고 손을 넣습니다. 그리고 아래쪽 고리를 단단히 채우고 찍찍이를 최대한 당겨 붙인 뒤, 처음 대충 붙였던 찍찍이를 떼서 손에 맞도록 조정하면 됩니다.

핀헌터 아대를 착용할 때 찍찍이 부분을 세게 당겨야 하나요? 느슨하게 당겨야 하나요?

김혜진 느슨하게 붙이면 아대가 흔들려 볼을 일정하게 놓을 수가 없습니다. 일관성이 떨어지죠.

핀헌터 아대는 상하좌우 각도가 움직이는데요, 어떤 식으로 조정해야 할까요? 프로님도 시합 때 아대를 조절하는 경우도 많이 있잖아요?

김혜진 예, 상하조절에 대해 말씀드릴게요. 레버를 풀면 손목의 각도가 조절됩니다. 레인에 오일이 많아 잘 밀릴 때는 각도를 최대한 올려줍니다. 그러면 손목은 커핑 모양이 되고, 리프팅이 강해지면서 회전량도 증가하게 됩니다. 반면 레인이 돌거나 오일이 적을 때는 각도를 작게 조절해 보세요. 훅이 적어집니다.

핀헌터 아대를 끼고 손목을 너무 꺾으면 손목에 무리가 올 수 있습니다. 맨 처음 손목의 각도는 0도로 맞춰 위아래로만 조절해서 연습을 해야 합니다. 아대의 각은 왼쪽으로 움직이면 턴량이 늘어나고 오른쪽으로 갈수록 턴량은 적어집니다. 아대의 상하좌우 조절 원리는 이렇습니다. 김혜진 프로님 감사합니다.

김혜진 다음에는 공부를 좀더 해서 알찬 정보 알려드리겠습니다. 감사합니다.

핀헌터 아대의 종류는 상당히 많습니다. 우선 자신에게 크기가 맞는 아대를 착용하시기 바랍니다.

리프팅 기초

리프팅을 자세히 알아보자. '리프팅lifting'이란 '들어 올린다'는 뜻이다. 중지는 공의 스피드를 만들고 약지는 측면회전을 만든다. 따라서 중지를 많이 쓰느냐, 약지를 많이 쓰느냐는 구질에 따라 다르다. 중약지는 펴지 말고 항상 낚싯바늘처럼 구부려져 있어야 한다.

손가락의 모양은 셋으로 나눠진다. 첫째는 공이 지나가면서 손가락이 펴지는 경우다. 손가락이 펴지면 공은 회전하지 않는다. 둘째는 낚싯바늘 처럼 버티고만 있는 경우로, 이때 공은 회전한다. 때문에 중약지는 버티고 만 있어도 된다. 하지만 대개는 볼의 회전을 많이 만들고 싶어 한다. 볼의 회전이 높으면 RPM이 증가하여 핀을 타격할 때 운동에너지가 커지고 핀 액션이 활발해져 스트라이크의 확률도 높아질 것이다.

회전을 늘리는 기술을 구사하려면 손가락은 안으로 '쥐어짜야' 한다. 볼이 손에서 나갈 때 중약지로 볼을 당겨주는 것이다. 흔히 14~15파운드 볼을 많이 쓴다. 15파운드는 약 6.8킬로그램 정도 되는데, 15파운드 볼이 라도 손바닥에 놓으면 무리 없이 들 수가 있다. 그러나 볼이 손바닥을 빠 져나갈 때는 손가락 끝에 무게가 실리게 된다. 중약지에 6.8킬로그램의 볼 이 놓여 있다고 생각해보라. 볼은 중력 탓에 아래로 떨어지려 할 것이고 이때 손가락은 펴지게 된다.

볼을 버티기 위해 손가락을 쥐고 있어야만 손가락이 풀렸다 돌아오는 속도가 빨라지고, 속도가 빠를수록 볼의 회전 속도도 빨라질 것이다. 웨이트볼로 연습할 때 볼은 손톱이 자신을 바라본다는 느낌으로 잡고 항상 회전을 일으키도록 노력하라. 연습을 많이 하면 볼의 회전도 증가할 것이다.

턴앤리프팅, 리프팅앤턴

턴앤리프팅, 리프팅앤턴 ….

'닭'이 먼저냐, '알'이 먼저냐의 문제와도 같다. 볼링의 시초로 거슬러 올라가면, 옛날에는 볼링공이 그리 좋진 않았다. 나무와 고무, 우레탄을 거치면서 점차 발전해왔는데, 초창기에는 볼러들이 턴을 먼저 했다. 손목이 먼저 돌아간 뒤에 올라갔다는 것이다. 하지만 요즘은 리프팅을 하고 턴을 나중에 하는 경우가 많다.

왜일까? 볼링공이 많이 발전했기 때문이다. 강한 공에 턴을 강하게 하면 롤아웃 현상이 벌어질 수 있다. 아울러 너무 과한 턴은 컨트롤하기가 매우 어렵다. 요즘은 턴을 많이 하지 않는 추세다. 물론 턴이 나쁘다기보다는 턴이 적당하면 좋다는 이야기다.

발목에서 엄지발가락 사이에서 릴리스 타이밍이 나온다. '릴리스 타이밍'이란 볼이 엄지를 나와 중약지를 빠져 나가는 순간을 가리킨다. 발목에서 엄지발가락까지 손이 직선으로 이동하면 리프팅이 먼저 될 것이다. 그러고 나서 턴을 하면 이를 '리프팅앤턴'이라 한다.

반면 발목에서 엄지발가락 사이에서 턴을 하고 나서 리프팅을 하면 '턴앤리프팅'이 될 것이다. 모든 릴리스는 이 둘로 구분한다. 물론 정답은 없다. 다만 '얼리턴'은 주의해야 한다. 얼리턴이란 턴을 할 때 엄지손가락 방향이 9시를 넘어가는 것을 일컫는다.

턴이 안 되는 사람도 있다. 여성 볼러가 특히 턴을 어려워한다. 남녀의 신체구조가 다른 탓이다. 여성은 남성에 비해 팔이 좀더 바깥으로 꺾여있다. 턴이 어려우면 턴앤리프팅을 권한다.

턴을 먼저 하면 볼이 떨어졌을 때 밖으로 나가는 힘이 좋아진다. 즉, 사이드롤이 좋아진다는 것이다. 레인이 돌거나 앞에 기름이 없을 때 이를 많이 구사한다. 반면 리프팅을 먼저 하면 공이 바깥으로 나가려는 힘이 많이 없어진다. 따라서 리프팅앤턴은 오일이 많을 때 선호할 것이다.

필자는 앞서 리프팅앤턴이 요즘 추세라고 했는데, 볼링공의 발전도 그렇지만 리프팅을 먼저 해야 다른 기술을 효과적으로 응용할 수 있다는 점도 원인 중 하나다. 대표적인 예로 로테이션을 꼽는다. 턴을 먼저 하면 로테이션을 구사하기가 어려워진다.

볼링에서 고득점을 얻으려면 레인에 맞는 구질을 구사하는 것이 중요하다. 그러므로 정답은 없다.

스윙과 진자운동

▲진자운동

진자운동에 대해 알아보자. 스윙할 때는 진자운동을 지켜야 한다. 스윙은 시소백을 이용해서 설명한다. 오랫동안 힘의 손실 없이 스윙하는 것이 중요하다. 시소백에 공을 넣고 들고만 있다면 5분도 문제는 없을 테지만 팔을 앞으로 혹은 옆으로 내민 채 시소백을 들고 있기란 여간 힘든 게 아니다. 공은 팔이 몸에 붙어있을 때 힘을 쓰기가 가장 수월하다.

손바닥은 정면을 볼 때 힘을 전달하기가 좋다. 겨드랑이에 종이나 수건을 끼워두고 앞뒤로 스윙을 연습해보자. 팔은 몸에 붙여야 일관성이 생긴다. 열두 번을 똑같이 스윙할 수 있어야 만점(퍼펙트)을 받을 수 있다.

스윙에는 기준점이 필요하다. 오른손잡이일 경우, 오른쪽에서 나를 보았을 때 허벅지와 겨드랑이와 오른쪽 뺨을 기준으로 삼으면 된다. 왼손은 반대편을 기준점으로 잡으라. 오른쪽 허벅지와 겨드랑이 및 뺨을 붙여서 스윙한다. 이를 연습하면 일관성 있는 스윙이 가능해진다.

왼쪽 팔은 수직으로 벌리고 오른쪽 손은 시소백을 잡고 천천히 앞뒤로 스윙해보자. 스윙할 때는 팔을 몸에 붙인다.

스윙할 때 팔을 구부리는 사람이 많은데 팔이 몸에서 떨어지면 힘은 손실이 생긴다. 그래서 아무리 강하게 던져도 힘이 잘 전달되지 않을 것이다.

물론 기본적인 스윙 동작에는 '파워'가 없다. 그래서 정점에서 약간 멈춰야 한다. 바이킹을 떠올려보라. 두 정점에서 잠깐 멈추었다가 떨어지는 원리를 두고 하는 말이다. 스윙시 정점에서 살짝 멈추었다 내려가면 에너지가 커진다.

볼링을 잘하려면 여유가 있어야 한다. 공을 잠깐 멈추는 것을 '체공'이라 한다. 즉, 체공시간이 있어야 한다는 이야기다. 그렇다면 체공을 구사하려면 어떻게 해야 할까? 백스윙으로 올라간 공은 팔의 힘만으로는 버틸 수가 없다. 물론 억지로 멈출 수 있다손 치더라도 그러면 진자운동은 깨지고 말 것이다.

팔을 뒤로 올린 채 몸을 낮추면 체공시간을 벌 수 있다. 이 같은 체공보다 스윙의 강도를 높이고 싶다면 몸으로 스윙을 만들면 된다. 허리를 이용해서 스윙을 해보라. 엉덩이를 뒤로 빼면 뺄수록 이를 앞으로 가져갈 때 에너지를 크게 만들 수 있다. 머리를 앞으로 내밀면 엉덩이가 뒤로 빠지게 된다. 따라서 스윙을 연습할 때는 항상 진자운동을 기본으로 삼고 여기서 팔의 힘을 빼라.

마지막에는 엉덩이를 앞으로 보낸다는 느낌으로 스윙하라. 무릎은 낮추고 엉덩이만 앞으로 민다고 생각하면 된다. 백스윙이 높을수록 강한 근력이 필요하다. 자신에게 맞지 않는 스윙을 고집하다보면 일관성이 떨어진다는 문제가 벌어진다. 여러분이 스윙을 연습하면서 '내게 가장 편한 스윙의 높이는 어느 정도일지' 고민해보라.

스텝

자신에게 꼭 맞는 스텝을 찾아보자. 여러분이 어프로치에 처음 섰을 때 어디에 정확히 서야할지 모르는 경우가 많다. 기본스텝에는 4스텝과 5스텝이 있다. 이 중 4스텝을 선호하는 볼러가 가장 많은 것 같다. 4스텝인 경우에는 내가 편하게 걸을 수 있는 걸음 다섯 보를 반대편인 파울라인 쪽에서 걸어보라. '하나, 둘, 셋, 넷, 다섯.' 5스텝이라면 여섯 보를 걸어본다.

이 길이는 사람의 신장과 보폭마다 다르기 때문에 자신의 위치를 먼저 찾는 것이 가장 중요하다. 처음에 설 때는 무릎을 붙이는 것이 좋다. 무릎으로 엄지발가락을 가려보라. 이보다 높은 자세는 바람직하지 않다. 지금 그 자세가 가장 높은 상태다.

첫발은 작게 내딛는다. 보폭을 작게 하려면 첫발을 미리 앞에 두면 된다. 첫발이 뒤에 있으면 크게 걸어갈 수 있다. 첫발은 리듬과 템포가 결정되므로 매우 중요하다. 가급적이면 첫 보폭은 짧아야 유리하다. 두 번째는 자신의 보폭대로 걷되 세 번째는 짧아야 좋다. 세 번째 동작을 '킥'이라고 하는데 이때 무릎을 낮춰야만 발을 밀면서 슬라이딩을 할 수 있다.

볼링의 스피드는 발이 결정한다. 4스텝을 기준으로 하면 첫발은 짧고 둘째는 길며 셋째 또한 짧고 마지막 스텝은 가장 길다고 보면 된다. 슬라이딩의 길이로 구질을 나눌 수 있다.

특히 슬라이딩을 할 때는 중심을 잡기가 힘들다. 중심을 잘 잡으려면 왼발이 배꼽에 온다고 생각하면 된다. 왼발이 왼쪽 가슴 위로 착지되면 오른발이 나도 모르게 앞으로 나오게 된다. 굽힌 무릎은 슬라이딩까지 일정하게 유지하는 것이 중요하다. 무릎은 처음과 나중에 높이는 경우가 많은데 그러면 무릎의 높이가 고르지 않아 바운스가 생기고 만다. 말을 타고 총을 쏘는 격과 같다.

볼러는 대개 고정적인 자리에 선다. 스탠딩 위치를 달리하면 볼의 스피드도 조절할 수 있다. 속도를 좀더 내고 싶다면 기본 스탠딩 자세에서 한 보 뒤로 간다. 거리가 가까우면 큰 힘을 들이지 않아도 된다는 점을 몸이 느낀다. '아, 이 정도 힘이면 저기까지 가겠구나.' 반면 거리가 멀어지면 힘은 으레 강해진다. 따라서 스피드를 올리고 싶다면 조금 뒤에 서고 속도를 낮추고 싶다면 앞에 서라. 앞에, 혹은 뒤에 서는 것부터 연습해보라.

Start   1   2   3   4 (slide)   Follow-through

▲ 4스텝

유아부터 시니어까지 나에게 어울리는 파운드는?

핀헌터 오늘은 박광명 프로님을 모셨습니다. 여러분이 처음 볼링공을 선택할 때 나는 몇 파운드가 맞을지 알아보는 시간 갖겠습니다. 안녕하세요. 박광명 프로님.

박광명 안녕하세요. 박광명 프로입니다.

핀헌터 초보자들이 볼링공을 선택할 때 많이들 궁금해 하세요. '나는 몇 파운드를 들어야 하지?' 하고 말이죠. 대개 무게 때문에 고민을 많이 하는 것 같은데요. 한 말씀 부탁드리겠습니다.

박광명 초보자들은 손목이 약하기 때문에 볼이 무겁다고 느끼는데요, 여성분들은 11~12파운드에서 시작해도 좋습니다. 하우스볼은 구멍이 커 손에 맞지 않기 때문에 무겁다고 생각합니다만 손에 딱 맞으면 부담감은 크게 해소될 겁니다.

핀헌터 12파운드를 선택해서 뚫으면 그리 무겁진 않다는 말씀이죠?

박광명 그렇죠. 지공으로 내 손에 맞추었을 때는 무게감이 훨씬 덜해집니다.

핀헌터 그럼 입문하는 여성분 말고요, 자세가 어느 정도는 완성된 동호회 볼러들은 주로 몇 파운드를 많이 들죠?

박광명 남성분은 대개 15파운드 정도 들고, 여성분은 14파운드 정도를 듭니다. 다만 체구가 좀 왜소하신 분은 13파운드도 선택합니다.

핀헌터 여러분이 자세만 확실하면 무게는 그렇게 중요하지 않습니다. 볼링은 위로 던지는 운동이 아니잖아요. 투포환처럼 멀리 던진다거나 힘을 써서 볼을 던지는 스포츠가 아니기 때문에 공이 무거워도 아래로 굴리는 데는 지장이 없습니다. 무거워도 공은 굴러가니까요.

14파운드와 15파운드의 DIFF 값이 있잖아요. DIFF 값이란 공이 일어나려고 하는 힘을 수치로 나타낸 것인데요. 15파운드 볼은 대부분 DIFF 값이 높더라고요.

박광명 예, 15파운드가 훨씬 높죠.

핀헌터 그래서 여성 볼러들도 15파운드를 선택하는 추세인 것 같습니다.

박광명 예, 엄청 많습니다. 그렇다고 해서 너무 무리하게 무거운 볼을 선택하는 것보다는 자신에게 맞는 파운드를 택하는 것이 바람직합니다. 물론 15파운드를 사용하는 데 지장이 없다면 그게 가장 낫다고 봅니다.

핀헌터 요즘에는 유아나 어린이들도 볼링을 상당히 많이 하는 것 같아요.

박광명 예, 많이 하죠.

핀헌터 그럼 어린이들은 몇 파운드 볼을 선택하는 것이 나을까요?

박광명 7~8세 어린이는 6파운드 정도가 좋고요, 그보다 어린아이들은 4파운드도 괜찮은데 볼링장에는 거의 비치가 되어 있지 않습니다. 그래서 6파운드나 8파운드가 가장 좋은 것 같습니다.

핀헌터 어린이는 세 손가락을 넣지 않아요. 볼링공이 무겁기 때문에 다섯 손가락을 다 뚫어서 투구하는 경우도 있고요, 두 손으로 공을 굴릴 수도 있습니다. 요즘 볼링장에는 볼을 올리면 아래로 굴러가는 미끄럼틀도 있죠. 10, 11파운드 혹은 13파운드, 이렇게 볼링공을 선택하잖아요. 그러면 10파운드에서 11파운드로 한 단위씩 올리는 게 좋을까요, 아니면 10파운드를 뚫었다가 두 파운드씩 올라가는 것이 좋을까요?

박광명 너무 무리하지 않게 한 파운드씩 올리는 것이 가장 적당하다고 봅니다.

핀헌터 그럼 볼링 시니어분들은 어떨까요? 시니어라면 55세 이상인 어르신을 가리키는데요, 15파운드로 볼링을 해온 시니어들은 나이가 들다 보니 근력도 좀 떨어지고 관절도 예전보다는 좋지가 않잖아요. 그럴 때마다 파운드를 내릴까 말까, 고민하는 분도 더러 있는 것 같더라고요.

박광명 저는 웬만하면 한 파운드 내려서 편하게 투구하는 것을 권하는 편입니다.

핀헌터 저도 동감입니다. 성인 남성 프로라고 해서 전부다 15파운드를 쓰는 게 아닙니다. 자신이 잘 컨트롤할 수 있고 내 몸에 무리가 가지 않는 파운드의 볼이 좋은 겁니다.

박광명 요즘에는 많은 남성들이 크랭커 스타일을 선호하는데 가급적이면 원래 쓰던 무게보다 가벼운 볼로 연습하시는 것이 좋습니다. 그러면서 점차 파운드를 늘리는 것이 바람직합니다.

핀헌터 일반 스트로커에서 크랭커로 전향하는 볼러가 많이 늘고 있잖아요. 기존에 본 공이 거의 15파운드라 자기도 15파운드로 무작정 연습을 했다가 한 달 정도 하고 나면 병원을 다니기 시작합니다. 손목과 팔꿈치가 아프다고 호소하는데요. 그런 볼러라면 무게를 낮춰서 연습하는 게 좋겠지요.

박광명 그렇죠. 요즘에는 크랭커나 덤리스, 투핸드 스타일 볼러가 많이 생겼는데요. 대부분 15파운드를 고집하다가 병원신세를 지게 됩니다. 그러니 파운드를 12나 13정도로 낮춰서 연습을 하시고 숙달이 되면 그때 파운드를 올리셔도 늦지 않습니다.

핀헌터 가벼운 공으로 정확하게 연습하면서 몸의 기억을 만드는 것이 중요합니다. 그래야 더 빨리 원하는 스타일을 구사할 수 있을 겁니다. 독자분들에게 마지막 한 말씀 부탁드리겠습니다.

박광명 다음에는 레인 위에서 뵙겠습니다. 감사합니다.

핀은 메세지를 보내고 있다

핀이 남는 이유와 원리를 간단히 짚어보자. 핀은 10개가 서있지만 볼링 공이 직접 타격하는 핀은 1, 3, 5, 9번 핀(왼손일 경우에는 1, 2, 5, 8번) 4개뿐이다. 놀랍지 않은가?

볼링 핀의 숫자가 헷갈린다면 앞에서 뒤로 왼쪽에서 오른쪽으로 번호를 매긴다고 보면 된다.

볼링공은 1, 3, 5, 9번 핀만 건드리는데, 가령 5번 핀이 남는 경우가 많다면 가벼운 공으로 투구했을 공산이 크다. 가벼운 공은 1, 3번(왼손은 1, 2

번)에 정확히 들어가도 5번 핀이 남을 수 있다. 회전 방향이 안쪽으로 유지되지 않았거나, 볼이 1, 3번을 타격하고 나서 너무 밀리면 5번이 남을 수밖에 없기 때문이다. 가끔 롤아웃이 되어 힘이 풀린 채 핀을 때렸을 때도 5번 핀이 남는다.

스트라이크 포켓에 정확히 들어가도 잘 남는 핀이 있다. 9번 핀(왼손은 8번)을 두고 하는 말이다. 볼이 1, 3, 5, 9번을 때릴 때 5핀을 타격하고 나면 공이 밀려나가면서 9번(왼손은 8번)을 때려야 한다. 그러나 볼 에너지가 너무 강하면 8번 방향으로 가서 1, 3, 5, 8번을 가격하기 때문에 9번 핀이 남는 것이다.

10번 핀이 남는 이유는 링텐과 위크텐 두 종류로 109페이지를 참조하라.

4번 핀이 남는다면(왼손은 6번)? 볼이 1, 3번 핀에 두껍게 입사하면 4번 핀이 남을 수 있다. 스트라이크 포켓 라인은 17.5(17~18 사이)쪽 정도 되는데 볼이 17.5쪽을 넘어 19, 20쪽을 넘어가면 4번 핀이 어김없이 남는다. 따라서 4번 핀이 남았다면 볼이 좀 얇게 들어가도록 해야 한다. 반면 6번 핀이 남았다면 핀이 얇게 맞았을 공산이 크다.

핀이 남는 이유는 남은 핀이 귀띔해준다. 핀이 남는 원인을 신속히 파악해야만 남은 핀을 처리할 수 있을 것이다.

3번 핀이 남는 것도 볼이 두껍게 입사했다는 방증이다. 볼이 3번을 타격하지 못했다는 뜻이기 때문이다.

하드볼 던지는 방법과 파운드 선택요령

하드볼은 몇 파운드를 써야 할까? 하드볼 쓰는 요령과, 하드볼을 굴릴 때 초구와 똑같이 구사해야 할지, 턴을 하지 않고 그냥 직구로 보내야 하는지도 아울러 알아보자.

스윙을 여러 가지 구사하면 제구력(공을 제어하는 힘)만 떨어진다. '하드볼'이란 공의 강도가 딱딱해서 붙여진 이름이다. 때문에 초구처럼 스윙해도 일자로 굴러간다. 웬만하면 하드볼로 10번 핀을 처리하면 되지만, 레인에 오일이 너무 부족하다 싶을 때는 턴만 좀 줄이면 된다. 행여 그러지 않더라도(초구처럼 던져도) 볼은 직선으로 굴러갈 것이다. 레인이 너무 돈다면 턴을 하지 않고 던지면 된다.

필자의 하드볼과 소프트볼의 무게는 15파운드로 동일하다. 볼러 중에는 하드볼을 한 파운드 낮춰 쓰는 사람도 있다. 대개 하드볼은 초구보다 1파운드 낮춰 쓴다고들 알고 있는데, 스윙이 편한 파운드를 선택하는 것이 바람직하다.

무게가 낮은 하드볼은 컨트롤이 편하다는 것이 장점이지만 '손장난'이 많아진다는 단점도 있다. 그래서 동일한 파운드를 쓰면 샷의 무게감이 같기 때문에 더 나을 수도 있다. 스페어 처리의 확률은 사람마다 다르므로 하드볼의 파운드를 동일하게, 혹은 낮춰 써보는 것도 필요하다. 하드볼 가격은 비교적 저렴하다! 하드볼을 파운드별로 사용하면서 자신만의 데이터를 만들어보라. 정확한 하드볼의 파운드를 파악할 수 있을 것이다.

하드볼이 필요한 이유와 선택 방법

볼러라면 하드볼을 많이 쓰리라 생각한다. '하드볼'은 말 그대로 외피가 딱딱하기 때문에 붙여진 이름이다. 하드볼의 특징과 종류에 대해 알아보자.

미니언즈 그림이 그려진 하드볼이다. 이런 공을 '비즈볼'이라 하는데, 미니언즈 말고도 좀비볼 등 종류는 상당히 많다. 그림이 그려진 하드볼은 볼링공을 만들고 나서 인쇄된 필름으로 겉을 감싸는 식으로 제작한다. 때문에 샌딩하면 연해지고 계속 샌딩하면 하얗게 된다. 그림이 싫증나면 샌딩을 많이 해서 하얗게 지울 수 있다는 것이 비즈볼의 장점이다.

'헬로키티'를 그린 하드볼은 안에 필름을 넣고 투명한 커버를 덮어씌우기 때문에 샌딩을 아무리 많이 해도 그림이 벗겨지지 않는다.

클리어볼도 유행하고 있다. 투명한 유리구슬도 있고 여러 색상을 넣은 볼도 있다. 투명한 공은 색상이 있는 공보다 내구성이 떨어지므로 예쁘긴 하지만 일반 하드볼보다 잘 깨진다는 단점이 있다. 반면 비즈볼은 잘 깨지지 않는다. 하드볼은 소프트볼보다 딱딱하므로 깨질 위험성이 더 높은 것이다.

우레탄 볼은 잘 깨지는 단점을 보완해 제작된 공이다. 안에 코어도 있고 우레탄 재질이기 때문에(물론 100퍼센트는 아니다) 깨지지 않는다. 그러나 단점은 공이 '돈다'는 것이다. 일반 폴리에스테르 하드볼보다 조금 더 돈다. 때문에 레인이 너무 돈다 싶을 때 우레탄 하드볼로 초구를 던지는 사람도 더러 있다.

스페어 처리용으로 우레탄 하드볼을 쓰면 약간 돌기 때문에 10번 핀을 놓칠 수도 있다. 그럴 때는 폴리에스테르 하드볼을 권한다. 폴리에스테르 하드볼에는 에보나이트에서 만든 맥심Maxim이라는 볼이 있는데 정말 잘 밀려나간다. 광택이 나는 볼은 잘 돌지 않지만 광택이 없고 외피가 계속 깎이다 보면 돌 수 있다. 그러니 광택이 없어졌다면 폴리싱으로 관리하라. 볼의 궤적이 휘지 않아 10번 핀을 안전하게 처리할 수 있을 것이다.

하드볼은 안정적인 스페어 처리를 위해 쓴다. 특히 폴리에스테르 하드볼은 레인이 돌든, 밀리든, 어렵든 레인 컨디션에 휘둘리지 않는다. 그래서 스페어를 정확히 처리할 수 있다. 하드볼 선택에 많은 도움이 되었기를 바란다.

▲ 비즈볼

▲ 비즈볼

점수차(하이로우)가 너무 크다면

연습은 말 그대로 '자신이 잘 하는 걸' 하는 것이 아니다. 볼링 연습은 자신이 취약한 부분부터 시작하기 때문에 어렵고 불편하다. 처음에는 자기 마음대로 잘 안 되니 그렇다. 곤욕스러워도 참는 수밖에는 없다. 시간이 필요하다. 일반인이든 선수든 마찬가지다.

자신이 잘해왔던 볼링으로 다시 돌아가면 1년을 치나 2년을 치나 자세가 쉽사리 바뀌지 않는다. 그렇다면 어떻게 해야 빨리 고칠 수 있을까?

스윙을 간단히 정리해보라

볼링을 잘 하려면 스윙의 궤도를 이해해야 한다. "밀어친다," "들어친다," "눌러친다"라는 말을 들어봤을 것이다. 이와 관련해서는 여러 가지 표현이 있지만 스윙의 궤적인 수평과 수직뿐이다. 그래프로 x축과 y축만 있다고 보면 된다.

스윙의 궤도를 어떻게 만드느냐가 중요하다. 스윙의 궤도는 레인의 상태에 따라 달라질 뿐이다. 이를 '스윙의 플랜'이라고 한다. 볼을 한번 던져 보고 나면 '어, 레인이 도네,' '밀리네' 등의 느낌을 받게 되는데 이때 스윙의 플랜을 짜거나 볼의 플랜을 짠다. 예컨대, 레인이 밀리면 도는 공

을 사용하면 된다. 혹시라도 볼이 없다면 스탠딩 포인트를 올리거나 스윙
을 변경하거나 턴을 조절한다. 선수들은 자신이 가장 쉽게 바꿀 수 있는
것부터 바꾼다. 서는 자리인 '스탠스'를 변경하는 것이 가장 쉽다.

예컨대, 라인은 하나인데 볼은 여러 개가 있다고 치자. 이때 공을 바꾸
는 건 상당히 어렵고 위험한 일이다. 가장 좋은 방법은 스탠스를 올리거
나 내리는 것이다. 그래야 제구력과 리듬, 타이밍 및 밸런스를 유지할 수
있기 때문이다.

그 다음에는 스윙의 템포나 궤적을 수정하는데 이는 연습이 되어 있어
야 바꿀 수 있다. 스윙을 마음대로 구사하고 싶다면 충분한 연습이 필요
하다. 연습이 부족한 상태에서 무작정 던지면 어떻게 될까? '이기성 프로
가 유튜브에서 이야기하던 대로' 치면 워시가 날 수도 있다.

하이로우가 심하다면
자신의 기술력과 대처능력이 떨어진다는 방증이다. 앞서 언급한 바를 감
안해서 기준점을 잡고 연습하면 실력을 좀더 빨리 늘릴 수 있을 것이다.

4스텝? 5스텝? 어떤 스텝이든 변하지 않는 진리가 있다

스텝도 질문을 많이 하는데, 4스텝이나 5스텝, 어느 것도 정답이라고 볼 수는 없으나 공통적으로 지켜야 할 원칙은 있다. 4스텝과 푸시를 두고 하는 말인데, 즉 4스텝과 푸시는 동시에 이루어져야 한다는 것이다. 반면 5스텝 시 푸시를 같이 하면 박자를 맞추기가 매우 어렵다.

볼링은 4스텝의 완성도가 가장 높고, 이를 구사하는 유명한 선수도 상당히 많다. 5, 6스텝 혹은 그 이상의 스텝은 예비동작에 불과하다. 5스텝이라고 해서 푸시가 더 빨라지거나 늦어지는 것은 아니다. 타이밍을 맞추려면 항상 4스텝을 기준으로 푸시와 첫발의 타이밍을 알아두는 것이 중요하다.

4스텝이든 5스텝이든 오른발과 오른손, 4스텝을 기준으로 오른쪽 다리와 팔부터 동시에 나가는 것이 기본이다. 타이밍(슬라이딩하는 착지 발과 손의 박자를 맞추는 것으로 초보 볼러에게는 일정하게 유지하기가 가장 어렵다) 속도를 높이거나 낮추는 것은 첫 번째 스텝과 스윙으로 결정된다.

첫발과 오른손이 동시에 전진하면 정박(4, 5스텝 여부는 중요하지 않다)이고, 다리가 먼저 나가고 팔이 이를 뒤따르면 엇박이 되어 왼발을 내딛고 나서야 팔이 나중에 딸려오게 된다. 다리와 팔이 각각 4박자라는 점을 염두에 두고 움직이면 이해하기 쉽다. 예컨대, 다리가 먼저 시작하면 각각 4박자씩으로 이동, 다리가 착지하고 나서야 팔이 올 것이다.

5, 6스텝은 4스텝을 기본동작으로 삼고 템포와 리듬을 여유 있게 조절하고 긴장을 푸는 데 도움이 될 수 있다. 스텝과 스윙 및 박자 개념은 다리도, 스윙도 각각 4박자라는 점만 알아두자. 무엇이 먼저 출발하느냐가 중요하다.

크랭커 스타일은 다리가 먼저 끝나고 손이 나중에 온다. 그렇다고 해서 다리를 멈춰놓고 스윙을 만들려고 하면 스윙이 짧아지고 스피드도 나오지 않는다. 슬라이딩을 하면서 스윙도 같이 가야 한다. 슬라이딩과 스윙이 동시에 이루어져야 자세를 만들기도 편하다. 4스텝의 기본을 알아야만 응용 자세를 수월하게 취할 수 있을 것이다.

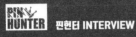

나의 첫 볼링공 선택하기 🎳

핀헌터 박광명 프로님과 함께 볼링공에 대해 알아보겠습니다.

박광명 안녕하세요, 박광명 프로입니다.

핀헌터 대개는 볼링을 시작하면 공을 하나 구입할 겁니다. 공에는 무광이
있고 외피에 광택이 나는 볼도 있습니다. 초보자들이 첫 볼로 어떤
것을 선택하면 좋을까요?

박광명 볼링공에는 마이볼과 스페어볼이 있는데 초보의 경우라면 여러 가
지를 선택하는 것보다는 자신에게 맞는 볼을 지공사와의 상담을
통해 선택하는 것이 바람직합니다. 처음에는 앵글이 부드러운 공을
권합니다. '비대칭 코어'가 삽입된 볼은 앵글이 비교적 강한데 그
보다는 '대칭 코어'가 들어가 앵글을 부드럽게 만드는 공이 좋습
니다. 물론 그것이 정답은 아니죠. 어느 정도 실력이 오르면 혹성이
강한 비대칭 코어 볼로 큰 앵글을 만들어내면 좋을 것 같습니다.

핀헌터 박광명 프로님은 대칭 코어를 좋아하세요, 비대칭 코어를 좋아
하세요?

박광명 저는 비대칭 코어를 좋아합니다.

핀헌터 저는 대칭 코어를 좋아합니다. 대칭과 비대칭 코어를 좀더 알아볼
까요?

박광명 대칭 코어와 비대칭 코어는 크게 다른데요, 우선 비대칭 코어는 축
의 한쪽이 무겁기 때문에 마찰력이 강하고 날카롭게 움직이고요,
대칭 코어는 좌우의 무게가 같기 때문에 헤드 마찰력이 적어 부드
럽게 움직입니다. 높은 볼 스피드와 강한 회전력을 원한다면 무광
택 볼이 좋고, 스피드가 적게 나오는 볼러라면 폴리싱으로 광택이
나는 공을 선택하는 것이 좋겠습니다.

핀헌터 오늘은 볼링공과 선택 요령을 알아봤는데요, 독자 여러분께 한 말
씀 부탁드릴게요.

박광명 볼링공은 외관이 예쁘고 값이 비싸다고 해서 다 좋은 볼은 아닙니
다. 자기 스타일에 맞는 공이 가장 좋은 겁니다. 즉, 컨트롤하기가
편한 볼이죠.

핀헌터 지금까지 박광명 프로님과 볼에 대해 알아봤습니다.

볼이 허벅지를 때린다면

몸에 붙이는 스윙을 연습할 때 볼이 몸에 맞는 경우가 더러 있다. 하지만 몸은 똑똑하다. 타박상으로 통증을 느낀 적이 있다면 다음부터는 아주 잘 피한다. 즉, 엉덩이를 왼쪽으로(왼손일 경우에는 오른쪽으로) 빼게 된다는 이야기인데 그런 모양새로 투구하는 사람이 의외로 많다.

볼을 피하면서 투구하면 힘을 집중시키기가 어렵고 스피드도 기대할 수 없다. 정확성과 밸런스도 덤으로 무너지고 만다.

처음 공을 푸시하면서 오른발과 오른손이 전진할 때 오른발을 안쪽으로 진입시키면 된다. 그러면 다리와 볼이 맞지 않게 될 뿐 아니라 손이 몸에 붙는 데도 도움이 된다.

어프로치에 서서 푸시할 때 왼발자리에 오른발이 온다고 생각하자. 첫 스텝이 곧장 앞으로 나가면 볼에 맞을 수도 있다. 오른발이 왼발 쪽으로 이동하면 충돌이 일어나지 않는다.

사실, 몸의 중심과 팔이 가까울수록 힘을 수월하게 쓸 수 있다. 팔이 몸에서 멀어지면 힘이 분산되어 일관성이 떨어지기 십상이다.

혹시라도 팔이 몸의 안쪽으로 들어오면 푸시 및 백스윙할 때 팔은 몸에서 벌어지게 된다. 이때 밖에 있는 팔은 안으로 들어오려 하기 때문에 스윙이 안으로 돌아가고 만다.

오른발을 비켜주라. 스윙하는 팔은 항상 엉덩이와 붙인다고 생각하라. 여기서 우선적으로 잘 구사해야 할 점은 푸시할 때 방향을 일자로 맞추는 것이다. 손은 오른쪽 옆구리와 오른쪽 엉덩이 및 오른뺨에 붙여 올라오는 것이 수순이다. 아울러 볼의 방향은 발의 방향만을 컨트롤해야 일관성 있게 스윙을 구사할 수 있다. 지금까지 플랫하게 스윙하는 요령을 살펴봤다.

스텝과 스윙 리듬 찾기

스텝과 스윙의 리듬을 맞추기란 상당히 어렵다. 볼링에서 가장 중요한 요소로 리듬과 밸런스 및 타이밍을 꼽는데, 그중 첫 번째인 리듬에 대해 살펴보자.

우선 스텝과 스윙을 맞추는 요령이다. 오른손을 기준으로 오른팔과 오른발이 동시에 나간다면 이를 '정박' 스텝이라 한다. 하나(팔과 발을 내딛고), 둘(오른팔이 밑으로), 셋(백스윙), 넷(슬라이딩 투구)으로 정박 4스텝이다. 정박 스텝은 파워와 스피드가 일정하다(물론 필자는 엇박이 몸에 배어 정박이 비교적 어렵게 느껴진다).

착지 후 스윙

릴리스와 스피드를 끌어올리고 강한 핀 액션을 만들어내기 위해 구사하는 방법을 두고 하는 말이다. 착지한 후에 스윙을 하기 위해서는 오른발 뒤꿈치가 땅에 닿을 때 팔을 앞으로 빼면 된다. 그러면 팔이 반 박자 늦어지게 된다.

초보 볼러는 정박부터 배운다. 팔과 발이 동시에 나가면서 리듬을 만들지만, 팔이 반 박자 늦게 나가면 밸런스와 착지자세 및 스피드가 좋아진다. 이처럼 박자의 작은 차이로도 리듬을 변화시킬 수 있다.

스윙의 궤도

스윙의 궤도에 대해서는 이해하기 쉽게 알파벳으로 설명할까 한다. 가장 기본적인 스윙은 U자를 그리며, U자는 진자운동이 된다. 우선 U자 스윙부터 살펴보자. 볼링은 펜듈럼 스윙이 필요하다고들 말한다. 진자운동을 두고 하는 말인데, 백스윙에서 떨어지는 힘과 다시 올라오는 힘이 동일한 것이 U자 스윙이다. 초보라면 U자 스윙부터 먼저 습득하는 것이 좋다. U자 스윙이라는 기본기를 갖추어야 V, L자 스윙도 할 수 있기 때문이다. U자 스윙은 진자운동을 다룬 장을 살펴보기 바란다.

그 다음은 V자 스윙이다. V자 스윙은 궤도가 날카롭게 올라간다. 즉, 백스윙에서 떨어지는 속도도 빠르고 올라오는 속도도 빠른 스윙을 가리킨다. V자는 리프팅이 강하고 공의 각도 상당히 날카로운 편이다. 따라서 레인에 오일이 많을 때 구사하면 공의 모션이 한층 강해진다.

끝으로 L자 스윙은 백스윙에서 떨어진 공을 앞으로 죽 내보내는 기술이다. L자 스윙은 레인이 많이 돌 때 쓴다. 이는 수평과 수직의 원리를 적용한다. 수평적인 힘과 수직적인 힘이 있는데, 수평적인 힘은 볼의 스피드와 스키드(미끄러짐)를 형성하므로 공이 많이 돌지 않는다. 공이 죽 밀려가기 때문이다. 반대로 수직적인 힘은 공의 훅을 만들어낸다.

U자 스윙은 수평과 수직이 55로 보면 된다. V자 스윙은 91이나 82 정도 되며 볼러가 정도를 조절할 수 있다. L자 스윙은 수직적인 힘이 없으므로 수평이 거의 100퍼센트에 수렴한다. 스윙을 조절할 수 있다면 레인 컨디션에 대한 대처 능력이 향상될 것이다. 반복적인 연습으로 자신에게 맞는 스윙을 구사해보라.

　U자가 가장 기초가 되는 스윙이므로 일관성 있게 구사할 수 있어야 L과 V자 스윙도 소화할 수 있다. 여기서 수직으로 올라가는 에너지를 좀 더 키우면 V자 스윙이 되는데, 수직으로 올리면 공은 더 많이 돌게 마련이다. 따라서 레인에 오일이 많다 싶으면 엄지를 조금 일찍 빼고 더 빨리 들어 올린다고 생각하라.

　L자 스윙은 공을 앞으로 내보내는 힘으로 투구한다. 이때 수직 에너지가 생기면 안 되며, 레인이 많이 돌거나 10번 핀을 해결할 때 구사하면 좋을 것이다.

　각 스윙을 반복적으로 연습해서 공의 궤적을 연구해보라. 무엇보다도, 자신만의 데이터를 만드는 것이 중요하다. 그래야 레인과의 싸움에서 이길 수 있다.

일관성 있는 스윙 연습

이번에는 L, U, V자 스윙을 연습하는 요령을 알아볼 차례다. 앞선 설명을 읽고 나면 궁금한 점이 많을 텐데 무엇보다 일관성을 유지하는 게 어려웠을 것이다. 일관성을 유지하는 요령은 다음과 같다.

스윙을 바꾸면 운동에너지와 스윙의 폭, 리듬 등, 모든 것이 달라진다. 때문에 일관성을 유지하기가 어려워진다. 그렇다면 어떻게 일관성을 유지해야 할까? 가장 중요한 것은 팔꿈치다. 팔꿈치를 기준으로 삼으라.

오른손잡이를 기준으로 왼팔을 벌리고 오른팔은 앞으로 나란히 올렸을 때 두 팔의 내각은 90도를 유지해야 한다. 이때 팔과 몸의 각도가 90도일 때 팔꿈치를 접으면 U자 스윙이 된다.

그럼 V자 스윙은? 팔과 몸의 각도가 45도일 때 팔꿈치를 접으면 된다. 팔꿈치를 빨리 접으면 위로 올리는 힘이 강해진다. 공의 리프팅이 강해 더 많이 돌게 되어있다.

끝으로 L자 스윙은 각도가 120도일 때까지 편 팔꿈치를 유지한다. 즉, 팔꿈치를 접지 않는다 생각하고 스윙하면 된다. 요컨대, L, U, V자 스윙

▲ L자 스윙

의 가장 큰 차이는 팔꿈치를 접는 위치인 셈이다. 앞선 세 가지 연습 요령으로 일관성을 키우며 볼의 리프팅을 조절하라.

'레인이 다소 말랐으니 스키드를 길게 보내면 되겠다. 스윙 패턴은 수평적으로 구사하자.' 라는 계산이 가능하다면 볼링에 많은 도움이 될 것이다.

머리로 이해하는 것만으로는 부족하다. 몸이 기억하는 것이 중요한데, 이처럼 근육이 스윙을 기억하려면 꾸준한 연습이 절대적으로 필요하다. 어떻게 연습할 것인가? 팔꿈치를 45도에서 혹은 90도, 120도에서 접는다는 것을 명확히 의식하며 연습해야 한다.

'대충 이만큼 돌리면 되겠지.'

볼링에 대충은 없다. 스윙을 대충 연습하다 보면 실력도 대충 늘게 된다. 즉, 연습을 적당히 얼렁뚱땅 하고 넘어가면 좋은 자세를 만들기 어렵다는 이야기다.

이 3가지 패턴을 숙지하고 정확히 연습한다면 볼링의 실력을 향상시키는 데 큰 보탬이 될 것이다.

스윙할 때 반대 팔은 어떻게 해야 할까?

이번에는 왼손에 대해 알아보자. 오른손잡이를 기준으로 설명을 하니 왼손잡이 독자는 반대로 이해하면 될 듯싶다. 왼손, 어디에 두어야 할까? 왼쪽일까, 나란한 옆일까 아니면 약간 뒤에 두는 게 좋을까?

왼손은 몸의 중심을 잡는 역할을 한다. 왼손이 앞에 나오는 사람은 백 스윙이 열리는 볼러가 대다수다. 일반적인 클래식 자세는 지면과 수평이 되게 나란히 올리는데, 왼손은 몸의 방향을 결정하기도 한다. 몸을 약간 틀면 몸이 '열렸다open' 하고, 정면을 바라보면 '닫혔다'고 한다.

어깨가 너무 많이 움직인다거나, 어깨가 앞으로 많이 나온다면 왼손의 위치를 확인해보라. 왼손이 뒤에 가있으면 오른쪽 어깨는 앞으로 나오게 마련이니까.

사실 왼손은 잘 쓰지 않는 것이 요즘 트렌드이다. 필자는 '다리아 파 요크' 선수를 좋아한다. 자세가 깔끔하고 군더더기나 흠잡을 데가 없는 선수다. 다리아 선수는 왼손을 거의 쓰지 않는다. 반면 필자는 왼손을 많 이 쓰는 편이다. 몸을 열었을 때 각도를 조절하려면 왼손이 필요하기 때 문이다. 물론 가급적이면 왼팔은 쓰고 싶지 않다. 왼손을 많이 움직일수 록 몸의 각도가 많이 흔들려 제구력이 떨어질 수 있다.

왼손은 살짝 15도 정도 앞에 나와 있는 것이 좋다. 그러면 오른쪽 어깨가 앞으로 나오는 것을 방지해준다. 왼손을 조금 앞에 두고 던지면 어깨를 거의 움직이지 않고도 투구가 가능해진다. 이때 엄지손가락은 아래로 하고 가볍게 주먹을 쥐라. 무거운 물체를 들고 있다고 생각하면 된다. 왼손이 쉽게 고정될 것이다.

　왼손을 고정해서 투구할 수 있는 요령이 있다. 볼링장에는 가볍게 쥘 수 있는 물건이 거의 없으니 핸드폰으로 연습해보라. 값이 나가는 물건이니 떨어뜨리지 않도록 조심하자. 연습을 반복하면 어깨 움직임을 많이 줄여 제구력을 높일 수 있을 것이다.

연습 요령

1. 핸드폰을 왼손으로 잡는다.
2. 오른손에 볼을 들고 왼손은 살짝 15도 정도 앞에 두고 스윙을 연습한다.

이명훈 프로가 알려주는 볼링 팁 3가지!

핀헌터 브런스윅의 간판스타 이명훈 프로님을 모셨습니다. 초보 볼러가 어떤 점을 유의해서 볼링을 해야 할지 말씀해 주시겠습니다.

이명훈 예, 초보자가 가장 중요시해야 할 점은 '일관성'과 '정확성'이라고 봅니다. 일반 볼러들은 대개 스폿을 보고 공을 굴려야 하는데 그러지 않고 감각에 의존하는 경우가 많습니다. 구력이 길어도 '라인 볼링'을 많이들 구사합니다. 즉, '대충 이렇게 굴리면 스핀이나 공이 이 정도니까 이렇게 가겠지'라는 생각으로 볼링을 한다는 겁니다. 그럼 볼링 실력은 더 이상 발전하지 않습니다.

저는 가장 중요한 요소로 일관성을 꼽는데요, 쉽게 말하자면 많은 연습량이 뒷받침되어야 한다는 이야기입니다.

일관성 다음으로는 정확성이 중요합니다. 내가 어느 타깃을 지정했다면 그 지점에 10번 중 7~8번은 정확히 놓을 수 있어야 합니다. 이를 위해서는 트레이너에게 레인은 어떻게 읽고, 어떤 라인을 구사하고, 어디에 서야 할지, 타깃은 어떻게 설정하며, 브레이크 포인트는 어디에 맞춰야 할지 등을 배워야 합니다.

핀헌터 '제구도 연습이다.' '일관성도 연습이다' 란 말씀이시죠.

이명훈 예, 무조건 연습입니다. 연습 말고는 방법이 없어요. 가장 중요하니까요.

핀헌터 이명훈 프로님은 볼 스피드도 빠르고 RPM도 상당히 높으신데요, 볼의 스피드를 늘리려면 어떻게 해야 할까요? 스피드를 내는 비결이 따로 있으신가요?

이명훈 스피드 비결은 따로 없고요, 피지컬이 가장 중요하다고 생각합니다. 일단 체력이 뒷받침되어야 한다고 봅니다. 볼을 컨트롤할 수 있는 능력이 있어야 스피드도 늘릴 수 있을 겁니다. 컨트롤 능력이 없는 상태에서 억지로 빠른 스피드를 구사하면 부상을 입습니다. 스피드는 체력적인 피지컬이 우선이고 스텝의 속도를 높여 얼마나 잘 멈추어 투구하느냐가 결정하는 것 같습니다.

핀헌터 이명훈 프로님은 로프팅(공을 던지는 것)도 잘 구사하시잖아요.

이명훈 볼을 굴리는 볼러는 무릎이 상당히 낮습니다. 무릎이 낮은 볼러는 로프팅을 할 수 없습니다. 반대로 무릎이 서있는 볼러는 로프팅을 많이 구사하죠. 하지만 로프팅 볼러들은 공을 굴리기가 쉽지 않습니다. 그래서 볼을 굴릴 때는 무릎을 세운 상태에서 상체를 많이 기울여줍니다. 로프팅 할 때는 무릎을 세운 상태에서 그대로 투구하고요. 즉, 무릎 높낮이로 볼을 던지느냐, 굴리느냐가 결정된다고 봅니다.

무릎이 서있는 상태에서 굴리려고 하면 상체를 앞으로 기울여야 합니다. 오일이 많을 때는 굴려야 하니 무릎을 낮추기 위해 상체를 기울이고, 오일이 적은 레인은 무릎이 서있는 상태에서 그대로 상체를 약 15도 정도 유지한 채 볼을 던지죠.

핀헌터 오늘은 이명훈 프로님의 볼링 스타일과 초보 볼러에게 필요한 점을 말씀해주셨습니다. '연습밖에 없다'는 것이 핵심인 듯합니다.

이명훈 그럼요.

핀헌터 볼링은 연습밖에 없습니다.

이명훈 볼링은 좋아서 즐기는 스포츠지라지만 이왕 하는 거라면 정확하고 바른 자세로 하는 것이 좋겠죠. 초급에서 중급, 상급으로 실력을 늘리려면 상주하는 트레이너에게 도움을 받아야 합니다. 프로샵에 가면 프로 볼러가 많으니 상담을 받아도 좋습니다.

핀헌터 오늘 말씀 감사합니다.

이명훈 감사합니다.

반대쪽 어깨는 어떻게 해야 할까?

어깨는 어떤 자세가 바람직할까? 우선 몸의 밸런스를 어떻게 맞추느냐가 중요한 문제인데, 대개는 어깨가 수평이 되어야 밸런스가 맞다고 단정할지 모르겠다. 하지만 볼링을 할 때는 어깨를 반듯한 수평을 맞춰선 안 된다.

볼링은 스윙하는 어깨가 많이 내려갈수록 자세가 부드러워지고 힘도 잘 전달된다. 볼링깨나 한다는 선수의 모습을 잘 관찰해보라. 투구하는 쪽 어깨가 살짝 내려가 있다. 물론 과도하게 내려간 볼러도 더러 있는데, 어깨가 아주 내려간 상태에서 팔로스루 동작 때는 살짝 올라온다. 사실, 찾아내기 쉬운 동작은 아니다.

영상을 볼라치면 자신이 보고 싶고 배우고 싶은 부분만 가려서 보기 때문에 눈에 잘 띄지 않는 것이다. 그러니 선수들의 영상은 전체적인 맥락에서 세심히 관찰해야 한다. 필자는 리듬과 밸런스, 허리와 다리 등의 움직임을 포괄적으로 분석하는 편이다.

투구시 어깨는 내려가는 것이 좋다. 왜 그럴까? 공을 낮추고 싶다면 무릎을 낮출 수도 있지만 그러면 힘을 쓰기도 어렵고 무릎에 무리가 올 수도 있다.

▲ 어깨는 내리는 것이 좋다

어깨를 떨어뜨리면 무릎을 고정한 상태로 공을 내릴 수 있다. 즉, 어깨가 떨어져야만 스윙이 부드러워진다는 것이다. 볼 컨트롤도 수월해지고 힘도 뺄 수 있다.

어깨를 내리지 않으면 공을 높이 던지게 되고 힘도 더 많이 들어가게 된다. 스윙하는 어깨를 살짝 낮춰보라. 자세가 편해지고 스윙도 부드러워질 것이다.

힘쓰기 좋은 자세

머리를 살펴볼 차례다. 인체에서 가장 무거운 부분이 머리라는데, 그래서인지 머리의 위치에 따라 몸의 중심도 달라진다. 머리는 어디에 두어야 할까? 볼러의 문제점은 순간적인 힘을 쓸 때 머리가 아래로 떨어진다는 것이다.

머리가 떨어지면 스윙이 짧아지고 힘을 길게 쓰지 못한다. 머리는 고정해야 한다. 고정하는 요령은 상당히 쉽다. 처음부터 턱을 아래로 당기고 시선은 스폿을 본다. 턱은 들리면 안 된다. 턱을 들면 머리가 떨어질 소지가 있기 때문에 애당초 당겨주는 것이다. 투구 시 시선과 머리는 항상 고정한다고 생각하라. 머리와 시선이 고정되어야 공이 굴러가는 궤적을 끝까지 볼 수 있다.

필자는 머리가 떨어지는 사람을 많이 봐왔다. 영상을 참조하여 자세를 교정하면 좋을 것이다. 머리의 무게를 앞에 두어야만 힘을 공에 실을 수가 있다. 힘쓰기 좋은 자세를 만들어야 스피드와 회전이 보장된다.

얼리턴 방지, 초간단 팁

팔이 벌어진다는 사람이 많은데 잘 고쳐지지 않는 것 같다 몇 자 적어본다. 팔을 붙일라치면 복숭아뼈에 볼이 부딪친다는 사람도 있다. 팔을 몸에 붙여 스윙하는 요령을 살펴보자.

팔이 벌어지면 힘이 잘 전달되지 않는다고 앞서 말한 적이 있다. 팔을 붙여 전달력을 높이기만 해도 볼의 스피드가 많이 늘어난다. 우선 연습을 위해서는 기준점을 두는 것이 좋은데, 기준점은 어떻게 잡을 수 있을까?

연습 요령은 아주 간단하다. 왼팔을 앞으로 나란히 올리고 오른팔은 스윙하듯 위로 올리며 박수를 친다고 생각한다. 이 동작을 스윙에 응용하면 된다. (왼손 볼러는 반대로) 왼손을 앞에 놓고 스윙을 해보라. 스윙 자세는 이렇게 만들 수 있다.

턴을 일찍 시도하면 팔꿈치가 몸에서 벌어지는 현상이 나타나게 마련이다. 턴은 잠시 접어두고 우선 스윙을 몸에 붙이는 것이 수순이다. 스윙이 제대로 구사되어야만 볼에 힘을 제대로 전달할 수 있다.

볼링을 하지 않더라도 1~2주 정도는 왼팔을 내밀어 스윙 연습을 반복해보라. 물론 볼링을 할 때도 도움이 되는 연습법이다. 팔꿈치가 일찍 돌아가는 사람에게도 단연 유익하다. 스윙할 때는 팔을 최대한 몸에 붙여야 퍼스널넘버도 줄어든다.

오른발 자세는?

오른손잡이를 기준으로 오른발은 어느 위치가 적당할까?

"오른발은 어떻게 놓을까?"
"오른발이 들려도 되나요?"
"오른발이 너무 옆으로 빠지는 건 아닌가요?"

자세에 대한 문의가 잦아 이를 집중적으로 살펴볼까 한다. 스텝시 오른발은 어디에 두는 게 좋을까 고민한 적이 있을 텐데 뒤에서 보았을 때 오른발의 방향은 7~8시 정도가 적당하다고 한다. 오른발이 9시가 넘어가면 몸의 방향이 틀어지게 된다.

필자는 오른발이 공중에 뜬다. 킥이 강하면 오른발이 들릴 수밖에 없다. 물론 오른발을 들지 않고도 스윙은 가능하다. 이때 발목을 구부리거나 무릎을 굽히면 안 된다. 무릎은 펴는 것이 좋다. 무릎을 펴야 킥을 제대로 구사할 수 있기 때문이다. 발목도 일자로 펴라.

오른발이 6시로 가면 어떨까? 발끝이 아래쪽을 향하면 밸런스가 불안해진다. 슬라이딩 발이 배꼽으로 들어오면 오른발은 자연스레 7시를 가리키게 된다.

오른발이 많이 틀어지는 경우가 있는데, 다운스윙부터 몸이 빠지면 오른발은 옆으로 돌아가게 되어있다. 발이 돌아가면 몸은 이미 틀어져 있는데, 이때 공은 대각선 방향으로 진행할 것이다. 즉, 본의 아니게 볼을 당기게 된다는 이야기다.

발의 각도는 몸의 각도와 비례한다. 몸과 다리의 각은 일치하는 것이 바람직하다. 발과 몸의 각도가 다르면 몸이 돌아올 수밖에 없다.

▲ 강한 킥을 이용한 오른발

필자처럼 킥이 강한 사람은 오른발이 들리게 마련이고, 킥이 강하면 릴리스도 강해진다. 좀더 부드럽게 투구하고 싶다면 발을 바닥에서 떼지 않는 방법이 있다. 힘도 빠지고 자세도 한결 부드러워진다.

투구 모습을 영상에 담아보며 오른발 위치를 확인하면 훨씬 좋은 자세를 만들 수 있을 것이다.

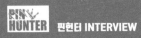

이병진 프로와 함께

핀헌터 오늘은 볼링계에 센세이션을 일으키고 있는 이병진 프로님을 만났습니다.

이병진 KPBA 23기 프로볼링선수 이병진입니다.

핀헌터 이병진 프로님, 볼링의 매력은 무엇이라고 생각하시나요?

이병진 해 보시면 참 쉽잖아요. 주변에 볼링장도 더러 있으니 시간만 있으면 언제든 칠 수 있고, 어떻게 쳐도 가끔은 스트라이크가 나오고, 그런데 알면 알수록 더 어려워지잖아요.

핀헌터 뒤에서 보면, '아, 나도 할 수 있겠다' 싶은데 막상 하려면 마음대로 안 되잖아요.

이병진 그게 미끼죠. 그렇게 해서 시작하는 거예요. 내가 봐도 만만한 놈이 나보다 점수가 높으니까, 신발 사고 볼 사고, 남몰래 시간 투자해서 연습하고 그렇게 해도 안 늘거든요.

핀헌터 아, 그렇지요.

이병진 그런 것이 볼러를 자극하지요. 그러면서 발전하는 거니까. 쉽게 보
　　　고 들어왔다가 발을 못 빼는 게 볼링이 아닐까 싶네요.

핀헌터 볼링의 매력이 그렇죠. 이병진 프로님, 구력이 상당하신데, 언제부터
　　　볼링을 치셨어요?

이병진 30년 됐어요.

핀헌터 30년이요?

이병진 예, 88년에 시작해서 지금까지.

핀헌터 볼링을 30년이나 치셨으면 처음부터 아대를 안 끼고 치셨나요?

이병진 네, 계속 맨손으로 쳤는데 … 사실 아대를 안 샀어요.

핀헌터 아대를 아예 사지 않으셨다고요?

이병진 아대를 안 사서 안 낀 거죠. 하지만 볼링을 하다보면 아대가 필요
　　　한 순간이 꼭 있긴 해요. 레인이 너무 말라있을 때, 내 손 갖고는
　　　도저히 안 될 때 … 가끔 써야죠.

핀헌터 그렇죠, 장비의 힘을 받아야죠.

이병진 자존심 상해하면 안 돼요.

핀헌터 그렇죠.

이병진 근데 그러시는 분이 있더라고요.

핀헌터 볼링공은 몇 개나 있으세요?

이병진 MK 소속사에서 지원해 주기도 하지만 제가 구입한 것까지 다 포함하면 … 세 봐야 할 거 같은데요.

핀헌터 그렇게 많은가요?

이병진 제 차에만 14개가 들어가 있고요. 여기저기 볼링장에 세팅된 개수를 포함하면 한 40~50개 되는 거 같습니다.

핀헌터 40~50개요?

이병진 예전에는 투어가 끝나면 갤러리 분들에게 볼을 나눠드렸어요.

핀헌터 아, 그래요?

이병진 시합이 끝나면 감사선물로 하나 드리기도 하고, 기분이 좋을 때도 나눠드렸는데, 시합을 다니다 보니까 볼을 막 나눠드리거나 함부로 버리면 안 되겠더라고요.

핀헌터 그렇죠. 오래된 공이 필요하기도 하니까요.

이병진 연륜이 있는 노련한 볼이 활약하는 대회가 있는가 하면 새파란 볼이 선전하는 대회도 있더라고요. 그래서 지금은 그냥 모셔두고 있어요.

핀헌터 혹시 MK 볼 중에서 나에게 잘 맞는 게 있나요?

이병진 제가 프로로 데뷔하고 나서 퍼펙트를 4번 쳤는데 블랙위도우로 두 번 했고, 개인적으로 좋아하는 공은 스콜피온! 스콜피온 시리즈가 제게 잘 맞고, 블랙위도우는 같은 볼을 여러 개 뚫고 싶을 정도로 좋아하고요.

핀헌터 저도 좋아하는 공이 있지만, '이 공은 믿음이 간다' 싶은 공이 있지 않나요?

이병진 아, 있어요.

핀헌터 왠지 '이 공을 들면 무조건 스트라이크를 칠 것 같아,' '이 공은 타이밍이 잘 나올 것 같아!' 싶은 공이 하나씩은 있는 것 같아요.

이병진 예를 들면, 직장 상사가 믿을만한 직원에게 일을 시키잖아요. '이 놈은 좀 불안한데?' 싶은 것과 같다고 봐요. 이 볼이 나가면 일을 잘 하고 돌아올 거 같은데, 다른 애를 보내면 뭔가를 남기고 올 것 같으면 안 쓰는 거죠. 다루기 쉬운 직원을 쓰지, 개성이 강한 직원들은 쓰기가 마땅하지 않더라고요.

핀헌터 사고를 많이 치죠?

이병진 사고 엄청 칩니다.

핀헌터 (웃음)

이병진 둘 사이를 찢어놓거나 (스플릿)

핀헌터 갈라놓거나 사고를 많이 쳐요. (웃음)

이병진 그래서 저는 까부는 애들은 별로 안 좋아해요. 웬만하면 순하고 정
직한 볼을 선택합니다.

핀헌터 이병진 프로님, 자세가 조금 특이해요. 제가 봤을 때는 여러 가지가
조금씩 섞인 것 같거든요. 자세는 굉장히 파워풀한데 … 스피드를
조금 더 늘렸으면 좋겠다는 생각이 들더라고요.

이병진 그렇죠. 아시다시피, 제가 스피드가 좀 떨어지잖아요. 볼도 그렇고,
말도 그렇고.

핀헌터 (웃음)

이병진 이병진에게는 스피드 기능이 별로 없어요. 습관이 오래되다 보니 바
꾸기도 힘들고요. 혹시라도 초보 볼러들은 일단 자신의 롤모델을
정했으면 하나씩 수순대로 배웠으면 좋겠어요. 요즘은 SNS나 인
터넷에서 좋아하는 프로를 쉽게 볼 수 있잖아요. 직접 배울 수 있
는 기회도 많고요. 그래서 배울 때 잘 선택해서 배우면 좋겠어요.
볼링은 정답은 없지만 기본기는 있잖아요.

핀헌터 그렇죠.

이병진 기본기가 갖춰지면 그 다음부터는 선택인 것 같아요.

핀헌터 예, 맞아요. 이병진 프로님이 말씀하셨다시피, 볼링에 정답은 없다고
　　　 모든 사람들이 말하긴 해요. 하지만 '원리'는 있습니다. 원리이론
　　　 은 변하지 않는 거예요. 반면 응용이론도 있는데요, 응용할 때 중
　　　 요한 건 원리를 무시해서는 안 된다는 겁니다. 우선은 기본자세를
　　　 숙지하고 나서 내게 맞는 걸 응용해서 볼링을 하다보면 멋진 자세
　　　 를 만들 수 있을 겁니다.

이병진 기본이 된 사람이 응용하면 습득하는 속도가 빠른데 기본기가 안
　　　 된 사람에게 팁을 알려주고 몇 달 뒤에 다시 와서 보면 그 짓을 똑
　　　 같이 하고 있어요.

핀헌터 (웃음)

이병진 그런 거예요.

핀헌터 맞습니다.

이병진 말귀를 못 알아들어요, 기본이 안 돼 있으면. … 제가 잠깐 흥분했
　　　 는데 (웃음)

핀헌터 (웃음)

이병진 요즘 날이 더운데 볼링장이 가장 시원하고 비교적 저렴합니다.

핀헌터 그렇죠, 가장 시원한 곳은 볼링장입니다.

이병진 비가 오나, 눈이 오나 언제든 칠 수 있고, 혼자보다는 여럿이 함께 즐길 수 있는 것도 볼링이라고 봅니다. 볼링장에서 많은 시간을 보내세요.

핀헌터 감사합니다.

이병진 감사합니다. 생각나면 또 찾아와 주세요.

초보에게 추천하는 볼링 연습 요령

머리를 고정하는 연습

볼타올을 쓰면 된다. 요즘에는 볼타올 종류도 많은데 종류는 상관이 없다. 볼타올을 머리에 얹고 나서 투구해보라. 이때 머리를 숙이면 볼타올이 떨어질 것이다. 볼타올을 머리에 얹고 스윙 연습도 해보자.

투구시 볼타올이 머리에서 떨어지는 이유가 있다. 순간적으로 힘이 들어가면 머리는 떨어지게 되어있다. 머리가 떨어지면 밸런스가 깨지고 만다. 나쁜 습관은 가급적 빨리 고치는 것이 좋다. 머리만 고정돼도 제구력이 크게 향상되고 힘도 많이 빠질 것이다.

볼 닦는 요령

볼타올을 든 김에 공 닦는 요령도 알아보자. 아무도 알려주지 않아 궁금해 했던 독자가 많을 듯싶다. 타올도 잡는 요령이 따로 있다. 볼을 쥐는 손 엄지에는 오일이 묻어선 안 된다. 엄지손가락에 기름이 묻으면 미끄러지니 타이밍이 빨라질 수밖에 없다.

타올을 잡을 때 엄지손가락은 밖에 나와 있어야 하며, 엄지가 타올에 닿아서는 안 된다. 타올 위에 기름 있는 자리를 대고 왼손으로는 볼을 돌리면서 닦는다. 재차 말하지만, 엄지에는 기름이 묻어선 안 된다. 엄지손가락은 관리가 특히 중요하다. 엄지에 이물질이 묻으면 일관된 타이밍을 구사하기가 매우 어려워진다.

볼에 입김은 왜 불어넣을까?

엄지 타이밍과 관련하여, 방송을 보면 볼에 입김이나 바람을 불어넣는 선수가 자주 나오는데 왜 그럴까? 입김은 엄지 홀에 습기를 채워 넣을 때 쓴다. 그렇게 홀 습도가 높아지면 투구시 엄지는 늦게 빠질 것이다. 반면 바람을 불어넣으면 습도가 낮아져 엄지가 비교적 잘 빠질 것이다. 이처럼 입김으로 엄지 타이밍을 조절할 수 있다.

그립

엄지가 커도 그립하는 데는 아무런 문제가 없다. 그립을 잘하면 엄지가 커도 볼링공을 흘리지 않고 원활하게 릴리스할 수 있다. 볼링공 어떻게 잡는 것이 가장 좋을까? 초보자를 비롯하여 엄지를 잘 빼지 못하는 볼러인 경우에는 엄지를 펴서 잡으라고 권한다. 그렇지만 볼링을 1년, 2년을 하면서 엄지를 계속 끼고만 있으면 곤란하다. 엄지 타이밍이 일정하지 않기 때문이다.

엄지는 공에 걸려있어야 한다. 인형 집게를 떠올려보라. 엄지는 인형 집게처럼 안정적으로 볼에 걸려있어야 한다(물론 클래식 볼러와는 소견이 다를 수도 있다). 그립이 너무 강하면 릴리스 동작에서 그립이 풀릴 수가 있다.

필자는 공을 꽉 쥐는 편이다. 힘이 100이라면 70~80퍼센트 정도만 쓰는데, 다운스윙시 볼이 엉덩이에서 발목 구간에 이르게 되면 그립에 힘을 더 쓰게 된다. 이때 그립은 더 견고해진다.

그립할 때는 엄지의 뿌리 부분이 중요하다. 엄지를 뒤로 젖혀 일자로 펴면 잘 된 그립으로 보긴 어렵다. 엄지뿌리로 공을 잡아야 하는데 엄지뿌리를 1번, 엄지 측면을 2번, 엄지 첫마디 앞부분을 3번이라고 했을 때 3번이 살짝 굽혀 있어야 한다. 하지만 엄지를 심하게 구부려도 안 된다. 1, 2,

3번을 전부 홀에 밀착시켜야 제대로 된 그립이라 볼 수 있다. 흔들리지 않고 제구력도 좋아질 것이다.

 백스윙시 볼을 놓치거나, 놓칠 것 같아 불안하다는 것은 엄지를 잘 잡고 있지 않다는 방증이다. 볼링을 많이 하면서 엄지 그립력이 강해지면 엄지 타이밍이 일정해질 것이다. 볼이 손에서 탈출하는 것을 도와주면 안 된다. 볼은 계속 잡고 있어야 한다. 계속 잡고 있을 수 없을 정도까지 그립을 유지하는 것이 중요하다. '공을 보내면 안 된다'는 생각이 바탕에 깔려있어야 한다. 이때 팔꿈치 아래로 힘을 줘야 한다. 어깨에까지 힘이 전달돼서는 안 된다. 프로선수가 볼을 잡고 어깨를 흔드는 모습을 자주 봤을 것이다. 어깨에 힘을 빼기 위한 예비동작이다.

 릴리스 동작에서는 손가락을 쥐면서 볼을 내보낸다. 내가 힘이 100이라고 하면 볼은 운동에너지가 100을 초과할 때 손에서 빠져나간다고 생각하면 일정한 타이밍을 구사하는 데 도움이 될 것이다. 하지만 엄지를 끼고 있는 데 그친다면 엄지는 언제 빠질지 알 수가 없다. 볼이 빠져나가는 것을 도와준다면 빠지는 느낌이 일정할 리는 없을 것이다.

INTERMEDIATE

핀 액션을 늘릴 수 있는 방법

이런 질문을 받은 적이 있다.

"어떤 핀액션이 좋은거죠?"
"핀액션을 늘릴 수 있는 방법은 무엇일까요?"

'핀액션'이란 말 그대로 핀의 움직임을 일컫는다. 핀을 강타하는 소리
가 크다고 해서 핀액션이 좋은 것은 아니다. 핀에서 소리가 "빵!" 터지며
쓰러지는 스트라이크를 '퍼펙트 스트라이크'라고들 하는데 이를 시쳇말
로는 핀이 '터진다'고 한다. 한순간에 핀 10개가 공중에 떠서 뒤로 전부
빠지는 것인데 얼핏 보면 멋이 있긴 하다. 하지만 그럴 때는 핀액션이 많이
떨어진다.

좋은 볼링공이나 훌륭한 선수의 구질을 보면 타격할 때 소리는 그리
크지가 않다. 핀이 위로 날아가는 것은 바람직한 액션은 아니다. 좋은 액
션이란 공이 1, 3번 핀을 타격했을 때 핀이 돌면서 핀덱(pin deck, 핀이 서
있는 위치)에 오랫동안 머물러 있는 것을 두고 하는 말이다. 이때 '핀액션
이 좋다'고 말한다. 핀덱에서 핀이 많이 돌고 있는지 관찰해보라.

'재수가 좋다'거나 '운'이라 일축할지는 몰라도, 왼쪽 핀이 굴러가서

10번 핀을 넘어뜨렸다면 핀액션이 좋아서 건진 결과다. 좋은 공일수록 핀이 핀덱에 많이 남는다.

'내가 어떻게 굴렸을 때' 핀덱에 핀이 많이 남는지 기억하고 그와 동일하게 구사할 수 있도록 연습을 반복하라. 점수도 높아지고 스트라이크를 연타할 수 있는 능력도 배가될 것이다.

핀액션을 극대화시키려면 스윙을 '눌러 치면' 된다. '눌러 친다'는 것은 플랫한 스윙을 길게 만든다는 뜻이다. 지면과 스윙의 평행한 부분을 길게 구사하는 것인데, 이때 핀이 핀덱에 '깔린다'는 느낌을 받게 된다.

반면 핀을 '터뜨리고' 싶다면 플랫한 부분을 좀 줄이면서 끊어 치면 핀이 터진다. 이처럼 스윙의 미묘한 변화로도 핀액션이 달라질 수 있다.

한국과 일본의 볼링 문화 차이

핀헌터 일본의 볼링 문화와 한국의 볼링 문화의 차이를 짚어보겠습니다. 볼링 시장은 한국보다 일본이 한 10배 정도 큽니다. 일본 볼링에 대해 자세히 알아보겠습니다. 일본 JPBA에서 활동하고 있는 양현규 프로님을 모셨습니다.

양현규 안녕하세요. JPBA 54기 양현규 프로입니다.

핀헌터 한국 볼링과 일본 볼링이 좀 다를 것 같은데요.

양현규 일본에 와서 놀란 점은 오전에서 오후 4~5시까지는 어르신 분들이 상당히 많이 오세요. 평균 연령대가 한 65세 정도 되는데요, 아직 정정하셔서 볼링을 치시는 분들이 정말 많습니다.

핀헌터 한국과 일본의 볼링장 문화의 차이가 궁금합니다.

양현규 일본에는 볼링장에 각종 게임시설도 구비되어 있습니다. 당구에 다트에 노래방까지 있죠. 볼링장이 거의 그렇습니다. 볼링을 처음 접하는 10대들은 엄지를 넣지 않고 치는 투핑거(덤리스Thumbless)부터 시작합니다. 볼링공의 회전이 많으면 일단 기분은 좋잖아요.

핀헌터 그렇죠.

양현규 1자로 죽 가는 거 보다는요. 그러다보니 투핑거로 많이들 칩니다. 그리고 일본에는 '챌린지' 라는 문화가 있어요.

핀헌터 아, 챌린지?

양현규 각국의 프로선수를 초청해서 예를 들자면 이기성 프로를 초청해서 '이기성 프로를 이겨라' 같은 기획이랄까요.

핀헌터 아, 재미있겠네요.

양현규 특히 미국의 제임스 벨몬트를 비롯한 유명 프로선수들을 시합이 아닌데도 개인적으로 초청을 합니다. 그럼 일반 볼러와 팬들이 와서 접수를 하고 게임을 합니다. '내가 프로를 한번 이겨봐야지' 생각하는 사람도 있고요. 프로선수와 볼링을 함께 즐기면서 원포인트 레슨도 받습니다. 그런 챌린지 문화가 상당히 많이 있기 때문에 초보뿐 아니라 프로 지망생에게도 도움이 많이 됩니다.

핀헌터 일본 볼링장의 시스템이라든가 요금은 어떤가요?

양현규 한국의 경우에는 볼링장에 오면 프론트에 먼저 갑니다. "몇 명인데 지금 볼링 칠 수 있나요?"라고 묻죠. 그런데 일본 볼링장은 어디를 가든 프론트 앞에 테이블이 따로 구비가 되어 있습니다.

핀헌터 테이블이요?

양현규 몇 명이 왔고, 신발은 있는지 없는지, 몇 게임을 칠지 신청용지에 적
어두는 거죠.

핀헌터 아, 그렇군요.

양현규 종이에 먼저 기재하고 나서 프론트에 제출하면 라인이 배정됩니다.
무작정 프론트에 가서 저 몇 명인데 볼링을 할 수 있느냐고 물으
면 "일단 테이블에 가서 작성해 달라"고 말해줍니다.

핀헌터 아, 중요한 팁이네요.

양현규 게임을 한두 번 치면 요금이 게임당 450엔 정도 되는데요.

핀헌터 한국 원화로 따지면 4,500원 정도 되네요.

양현규 그렇죠. 무턱대고 가서 하는 것보다는 패키지로 하는 게 더 저렴합
니다. 이를테면, 3게임에 999엔 패키지도 있습니다.

핀헌터 그러면 할 만하겠네요.

양현규 예, 그리고 더 하고 싶으면 5게임 패키지도 있습니다. 다섯 게임은
1,299엔 정도 되더라고요. 거의 1300엔 대입니다. 그런 패키지를 이
용하시면 더 좋을 것 같습니다.

핀헌터 혹시 할인 쿠폰 같은 것도 있나요?

양현규 있습니다.

핀헌터 아, 있어요? 좋은 나라군요.

양현규 예를 들어 그랜드 볼링장이든지 … 그랜드가 가장 큰 회사인데요, 주변 편의점에 할인 쿠폰을 판매합니다.

핀헌터 아, 할인 쿠폰 … 그걸 구매해서 패키지를 이용하면 가장 저렴하게 게임을 즐길 수 있겠군요.

양현규 그렇죠.

핀헌터 저도 일본에 가면 그렇게 볼링을 하고 싶네요.

양현규 프로님은 오시면 초대 손님이니 무료로 하셔야죠. (웃음) 그리고 일본 볼링장은 어딜 가나 어린이를 위해 범퍼가 장착되어 있습니다. 거터 레인에 쉽게 올렸다 내렸다 할 수 있죠. 모든 볼링장이 범퍼를 갖추고 있습니다.

핀헌터 범퍼가 있으면 떨어지지 않으니까 재미있겠네요.

양현규 예, 그렇죠. 게다가 슬라이드 시설도 있습니다. 정말 유아에게 맞는 건데, 5~6세도 볼링을 즐길 수 있는 볼링공 미끄럼틀이죠. 볼링공을 위에다 놓고 굴리면 볼이 슬라이드를 통해 내려가 핀을 때리게 됩니다.

핀헌터 그렇군요.

양현규 모든 볼링장에는 그런 시설이 다 구비되어 있습니다.

핀헌터 모든 볼링장에요?

양현규 예.

핀헌터 일본은 정교한 볼링을 구사한다고들 하잖아요. 정교한 볼링에 대해 말씀해 주세요.

양현규 한국은 크랭커가 좀 많잖아요.

핀헌터 그렇죠, 요즘은 투핸드, 덤리스, 크랭커가 많죠.

양현규 한국은 회전과 스피드를 극대화시킬 수 있는, 퍼포먼스가 강한 볼링을 많이 구사하잖아요. 그런데 제가 느낀 바로는, 80퍼센트가 아직은 스트로커(직구)입니다.

핀헌터 80퍼센트가요?

양현규 에, 스트로커는 회전과 스피드를 일정하게 하면서 좀 타이트하게, 좁혀 치기 때문에 오일의 영향을 거의 받지 않죠. 일본은 일관성 있게 구사할 수 있는 구질을 선호하더라고요. 그리고 한국의 경우에는 A조와 B조와 C조로 나누어 경기할 때 A조가 경기를 마치면 레인을 정비하고 난 뒤에 B조가 시작하는 방식인데요. 일본 프로시합에서는 선수가 많아 조는 나누어져 있지만 레인 정비는 처음 한 번으로 끝납니다.

핀헌터 하루에 한 번 정비한다는 건가요?

양현규 예, 하루에 한 번입니다.

핀헌터 한국도 원타임 정비를 했다가 요즘에는 바뀌는 추세이긴 한데요. 한 번 정비하고 투구를 계속 하면 엄청 어렵습니다. 제가 알고 있는 모든 지식과 모든 힘을 다 동원해도 안 됩니다. 그래서 일본이 정교한 볼링을 구사하나 보네요. 볼링을 좋아하는 분이 일본에 갈 기회가 있다면 외국에서 볼링을 치는 것도 그 나라의 문화를 이해하는 좋은 경험이 되지 않을까 싶습니다.

타이밍 테이프의 진실

프로 볼러들은 왜 테이프를 사용할까? 대개 손톱을 보호하거나 일정한 타이밍을 위해 쓴다. 볼러 중에는 엄지테이프를 짧게 붙이는 사람이 있는데 이는 잘못된 습관이다. 엄지손가락 뿌리 아래까지 붙여야만 인대를 보호하거나 부상을 방지하는 테이핑의 효과가 있다.

엄지손가락은 동그랗지가 않다. 그러나 엄지손가락이 들어가는 홀은 대개 동그랗게 뚫는다. 때문에 엄지를 홀에 넣으면 양옆은 맞을지 몰라도 위아래는 맞지 않는다. 즉, 홀의 크기를 조절하기 위해 테이프를 쓰는 것이다.

중약지 테이핑

중약지 테이프의 끝단이 손바닥이나 옆을 보면 잘 떨어질 수 있다. 때문에 테이프 끝은 손등에 오게 해야 한다. 테이핑하기 전에는 반드시 손을 씻어야 한다. 손에는 먼지나 세균 혹은 유분 등이 있기 때문인데, 손을 씻고 이물질을 제거한 뒤에 테이프를 붙이면 잘 떨어지지 않는다. 하지만 한 번 붙인 뒤로 다시 붙이려면 접착력이 떨어지기 쉽다.

95

손에 땀이 너무 많아 테이프가 잘 떨어진다면 손가락을 코팅하는 제품도 있지만 가격대가 비교적 높다. 대신 투명 매니큐어를 살짝 바르고 말린 뒤에 붙이면 잘 떨어지지 않을 것이다.

중약지 테이프를 감으면 리프팅이 많아질 거라고 단정하는 사람이 많은데, 아주 틀린 말은 아니지만, 처음부터 테이프를 감으면 손가락 감각이 많이 떨어진다. 우선 올바른 리프팅을 구사하고 난 후, 리프팅의 강도를 높이거나 손가락을 보호하고 싶을 때 중약지 테이프를 써도 늦지 않다.

테이프를 붙일 때 주의할 점

테이프를 손으로 잡아서 뗄 경우 손가락이 접착면에 닿을 수 있는데 그러면 테이프가 잘 떨어진다. 테이프는 찢어서 접착면이 손에 닿지 않게 떼어 붙여야 한다.

테이프 고를 때

실크 재질에 광택이 나는 타이밍 테이프가 있는가 하면 무광택 제품도 있다. 광택이 나는 테이프를 쓸 때는 타이밍이 빨라진다. 무광택 테이프는 나염이 들어가 마찰 강도가 높으므로 광택 제품보다 타이밍이 늦어질 수 있다.

테이프는 직물 조직도에 따라 구분하기도 한다. 마찰도 서로 조금씩 다르다. 조직면이 크면 마찰이 강해 타이밍이 늦어질 수 있는 반면, 실크처럼 부드러운 재질은 타이밍을 빠르게 구사할 수 있다.

롤테이프

롤테이프는 표면이 맨들맨들해서 타이밍이 조금 빠르다. 인서트 테이프는 크기별로 종류가 구분된다(1인치, 3/4인치 등). 인서트테이프도 한 번 붙이고 평생 쓸 수 있는 것이 아니다. 여름에는 접착제가 녹거나 밀려나오는 경우도 있으므로, 아무리 오래 써도 2주에 한 번은 교체해 주는 것이 좋다. 접착제는 알코올로 닦아주면 된다.

▲ 타이밍 테이프

▲ 중약지 테이프

제대로 훅 넘어 보자

'스핀' 혹은 '훅'을 넣는 법을 알아보자. 공에 넣는 훅은 '사이드(측면) 회전'이라 부른다. 측면 회전은 엄지손가락이 만든다. 즉, 엄지의 방향으로 볼의 스핀이 결정된다는 것이다. 공을 잡으면 엄지는 10시30분을 가리킨다. 이때 공은 45도 방향으로 꺾인다.

초보 중에는 억지로 엄지를 빼려는 볼러가 있는데, 엄지손가락을 밖으로 빼면 공은 직선으로 가게 마련이다. 훅(스핀)을 더 많이 구사하고 싶다면? 엄지를 중-약지-새끼손가락으로 내릴수록 더 많은 회전이 생성된다. 엄지를 새끼손가락 쪽으로 유지하고 볼을 굴리면 가장 큰 훅이 발생할 것이다.

볼링공을 회전시키는 동작을 '턴'이라 한다. 이때 엄지손가락은 절대 9시 방향을 넘어가서는 안 된다. 9시가 넘어가면 턴을 잘못한 것이고, 이는 팔꿈치가 벌어졌다는 방증이기도 하다. 엄지손가락의 방향은 12시에서 9시 방향 사이가 적당하다. 하우스볼로 훅을 연습해보라.

턴으로 스핀을 얼마나 잘 구사하느냐에는 정답이 없다.

엄지를 잘 빼는 팁

"뽁!" 소리는 볼링에 영향을 줄까?

볼링공에서 손가락을 뺄 때 '뽁' 소리는 왜 날까? 원리는 간단하다. 의외로 궁금해 하는 볼러가 많은 것 같다. 엄지를 찬찬히 빼면 소리는 나지 않는다. 압력차가 생길 때 '뽁' 소리가 나기 때문이다. 병 꼭지에 손가락을 넣고 빨리 빼면 소리가 나는 것과 같다. 볼링공도 마찬가지다. 중약지도 빨리 빼면 소리가 난다. 순간적인 압력차 때문이다. 중약지 테이프를 붙이면 밀착이 안 되기 때문에 역시 소리가 나진 않는다.

사실 '뽁' 소리 유무는 볼링하는 데 아무런 관계가 없다. 단지 손가락이 홀을 메웠다가 속히 빠지면서 나는 소리일 뿐이다.

엄지를 잘 빼는 방법

엄지를 잘 못 빼서 고민하는 사람이 많다. 엄지 트러블이 있는 사람도 적지 않다. 엄지는 어떻게 해야 잘 뺄 수 있을까? 볼링공의 무게는 거의 엄지로 느끼는데 무엇보다도 엄지의 각도가 중요하다.

엄지가 중약지 방향으로 가는 것을 '포워드,' 몸의 방향(뒤)으로 가는 것을 '리버스'라고 한다. 포워드가 심하면 엄지를 빼기가 어려워지고, 심한 리버스 시에는 엄지가 풀려 공이 너무 잘 빠진다. 엄지가 비교적 길어도 잘 빠지지 않는다. 엄지의 길이와 유연성, 손의 습도 등을 감안해서 지공하면 엄지를 잘 뺄 수 있다.

▲ 엄지의 각도가 중요하다

아울러 자세 때문에 엄지손가락이 잘 안 빠지는 경우도 있다. 무릎보다 어깨가 뒤에 있으면 엄지 빼기가 어려워진다. 즉, 어깨는 무릎보다 조금이라도 앞에 있어야 한다. 이렇게 자세만 교정해도 엄지손가락은 잘 빠질 수 있다. 엄지 트러블이 있다면 자세도 확인해 보라.

자세 문제가 아니거나 이를 교정한 후라면 프로샵에서 상담을 받아보라. 지공으로 해결될 수도 있다.

오일이 아주 마른 '사막레인' 공략법

'사막레인,' 즉 공이 많이 도는 레인에서는 어떻게 대처해야 할까? 사막
레인은 극복하기가 매우 어렵다. 볼링은 마른 레인에서 잘 하는 사람이 정
말 실력자로 봄직하다. 물론 오일이 너무 많아도 실력은 구분할 수 있다.
대개 하우스패턴이나 볼링장의 레인은 모두 점수를 높이는 데 유리하도
록 정비한다. 때문에 레인의 난이도는 그리 높지 않다. 결국 레인에 도포
된 오일이 너무 많거나, 너무 말랐을 때 얼마나 잘 대처하느냐가 실력을
가늠하는 잣대가 될 것이다.

레인이 많이 말랐을 때 공을 '미는' 법을 살펴보자. 가장 명쾌한 답은
힘을 잘 이용해야 한다는 것이다. 가령 공을 바깥쪽으로 보내고 싶다고
치자. 그런데 레인이 너무 돈다면 볼을 더 바깥쪽으로 보내야 할 것이다.
이때 몸의 각도가 중요하다. '내가 더 밀고 싶다'면 어깨를 '오픈'하고
몸을 틀어서 공을 바깥쪽으로 내보내면 된다. 이를 가리켜 '어깨를 열어
친다'고 한다.

어깨를 열어 쳐도 공이 나가지 않는 경우도 있다. 기름이 많이 없을 때
를 두고 하는 말이다. 그럴 때는 기름이 있는 곳을 찾는 것이 가장 편리
한 방법이다. 오일이 없는데 어떻게든 극복해 보려고 안간힘을 쓰면 볼링
을 어렵게 하는 것이다.

오일이 있는 자리를 찾아도 없을 때는 대개 스피드를 올리려고 한다. 하지만 마른 자리는 스피드를 내려고 해도 공은 절대 쉽게 나가는 법이 없다. 힘이 정말 좋아서 볼을 내보내거나 마른 자리를 그냥 통과시킬 수 있는 선수는 매우 드물다.

그렇다면 어떻게 대처해야 할까? 볼링공 회전의 방향을 바꾸면 된다. 발상의 전환이 필요한 대목이다. 레인이 돌 때 스피드로 해결해서는 볼이 잘 나가지 않는다. 힘으로 밀어내면 스플릿이 잘 남는다. 두껍게 입사해서 스플릿이 정말 자주 나고, 점수도 크게 낮아진다.

힘으로 스피드를 만드는 것이 아니라, 힘을 빼고 회전의 방향으로 공을 내보내는 사람이 훌륭한 볼러다. 공을 '눕히면' 헤드 통과가 훨씬 빨라진다. 또한 마른 자리에서도 공이 바깥쪽으로 간다.

공을 눕히면 내회전에서 외회전으로 나가기 때문에 공이 안에서 바깥쪽으로 나가려는 힘이 강해진다. 밖에서 밖으로 스윙하면 공은 절대 밀려나가지 않는다. 퍼스널 넘버를 기억하는가? 퍼스널 넘버가 클수록 밖에서 밖으로만 던질 수가 있다. 반면, 퍼스널 넘버가 줄면 줄수록 출발선이 안으로 오기 때문에 안쪽에서 밖으로 나가는 힘이 강해진다. 회전의 방향을 이용하여 공을 바깥쪽으로 보내는 것을 연습해보라.

몸의 각도를 여는 요령도 있다. 몸의 각도를 더 크게 열라치면 몸과 공이 같이 오픈되면 효과가 떨어진다. 공은 그 자리에 두고 몸만 옆으로 트는데, 이때 스윙은 밖으로 갔다가 안으로 들어올 것이다. 그럼 안쪽에서 바깥쪽으로 가는 힘이 커진다. 이를 '8자 스윙'이라고 한다. 8자 스윙을 구사하면 오일이 많을 때는 거터가 되지만 사막레인에서는 통한다.

요컨대, 오일이 마른 자리에서는 몸의 방향을 틀어서 투구하는 경우도 있다. 물론 필자가 알려주는 요령을 전부 다 마스터할 필요는 없다. 자신에게 맞는 요령을 위주로 연습하기 바란다. 무작정 다 하려면 슬럼프가 올 수도 있으니, 자신에게 적용될 수 있는 노하우를 자기 것으로 만들라. 실력을 끌어올리는 데 많은 보탬이 될 것이다.

볼링화 👣

핀헌터 오늘 주제는 '볼링화' 입니다. 김혜진 프로님 모시고 말씀 나눠보겠습니다, 안녕하세요.

김혜진 안녕하세요, 팀 슈퍼비의 김혜진 프로입니다. 오늘은 볼링화에 대해 설명해 드릴까 합니다. 볼링화는 볼링 장비를 구입할 때 가장 중요한 장비라고 생각합니다. 종류로는 하우스 슈즈와 개인 슈즈가 있는데요, 하우스 슈즈는 여러분도 알다시피 볼링장에서 대여해주는 볼링화를 가리킵니다.

하우스 슈즈와 개인 슈즈는 좀 다릅니다. 우선 하우스 슈즈는 양쪽 바닥의 재질이 같습니다. 볼링장을 찾는 분들이 왼손잡이인지 오른손잡이인지 모르기 때문에 재질의 구분이 없는 것이죠. 아울러 하우스 슈즈에 대해 주의해야 할 점은 바닥을 꼭 확인해야 한다는 겁니다. 바닥에 테이프 등의 이물질이 묻어있으면 넘어져서 부상을 입을 수 있기 때문입니다.

이건 볼링 에티켓인데요, 볼링화를 신고 화장실을 가서는 안 됩니다.

바닥에 물이 묻으면 슬라이딩이 안 돼서 넘어질 수 있기 때문에 화장실을 갈 때는 꼭 신발을 갈아 신고 가야 합니다.

핀헌터 개인 볼링화는 이렇습니다. 한쪽 바닥은 고무이고 다른 한쪽은 슬라이딩을 할 수 있도록 면이나 가죽 혹은 부직포 재질로 되어 있습니다. 오른손잡이는 왼쪽이 슬라이딩 재질로 되어있고 왼손잡이는 그 반대가 되겠죠. 바닥 재질이 구분되어 있는 볼링화를 개인 슈즈라 하는데, 두 쪽이 슬라이딩 재질로 된 개인 슈즈도 있긴 합니다.

한쪽이 고무 재질이면 슬라이딩 전 스텝인 '킥'을 좀더 강하게 구사할 수 있습니다.

김혜진 개인 슈즈에는 패드 일체형이 있고 패드를 탈·부착할 수 있는 슈즈가 있습니다. 볼링장마다 어프로치가 다르기 때문에 어떤 볼러는 슬라이딩 패드를 떼거나 부착해서 사용하곤 합니다.

핀헌터 고급 탈·부착 슈즈는 왼쪽과 오른쪽 모두 탈·부착이 가능합니다. 즉, 왼손과 오른손잡이 겸용으로 쓸 수 있다는 이야기입니다.

슬라이딩 패드에는 숫자가 쓰여 있는데요, 숫자가 높을수록 마찰이 높아 슬라이딩 길이가 짧아집니다. 물론 숫자는 제조사마다 조금씩 다릅니다. 낮은 게 미끄러운 경우가 있고 높은 게 미끄러운 경우도 있으니 꼭 확인하시기 바랍니다. 신발을 구입할 때는 슬라이딩 패드가 같이 있는지 여부도 확인해야 합니다.

김혜진 프로님, 신발을 살 때 주의해야 할 점이 있나요?

김혜진 볼링화는 대개 가죽으로 되어있기 때문에 늘어날 수 있습니다. 그러니 한 치수 작거나 꼭 맞는 슈즈를 구입하셔야 합니다.

핀헌터 김 프로님은 정사이즈로 신으시나요?

김혜진 예, 저는 딱 맞는 신발을 쓰고 있습니다. 슬라이딩 커버도 문의가 많아 설명 드릴게요. 어프로치가 지저분하거나 습기가 많아서 슬라이딩이 전혀 안 된다면, 슬라이딩 패드로는 해결이 안 된다면 커버로 슈즈 앞쪽을 덮어주세요. 슬라이딩이 더 잘 됩니다. 어프로치에 민감한 볼러라면 슬라이딩 커버를 추천합니다.

핀헌터 볼링장이 지하에 있거나 근방에 수영장이나 사우나가 있어 습도가 높으면 어프로치가 잘 미끄러지지 않습니다. 슬라이딩 커버를 하나 갖고 있으면 그런 볼링장에 가더라도 슬라이딩 길이를 확보할 수 있기 때문에 투구에 큰 도움이 될 겁니다.

볼링화를 구입할 때 감안해야 할 점은 제작 공정이 다 다르다는 겁니다. 이를테면, 앞이 굽어지지 않는 슈즈가 있는데 이건 킥을 할 때 도움이 되지 않습니다. 착용감과 구부러지는 느낌 등을 고려해서 볼링화를 구입하기 바랍니다.

김 프로님, 볼링화는 세탁해도 되나요?

김혜진 아니요, 세탁하면 안 됩니다. 가죽이 손상됩니다.

핀헌터 가죽 제품이기 때문에 물이 묻으면 변형될 수 있습니다. 물론 깔창이나 끈은 청결하게 세탁해서 쓰셔도 무방합니다.

신발을 관리하는 데 도움이 되는 팁을 하나 드릴게요. 볼링을 하고 나면 신발에는 항상 습기가 생기게 마련이죠. 습기를 잡아줄 수 있는 제품(제습제)으로 관리하면 슈즈를 더 오래 쓸 수 있습니다.

김혜진 물이나 음료를 밟았을 때 대처하는 요령을 알려드릴게요. 먼저 탈부착이 가능한 슈즈라면 패드를 교체해서 쓰면 되지만, 일체형 슈즈는 패드를 교체할 수가 없기 때문에 어느 정도 물기를 말리고 나서 쇠 솔로 문질러 주면 다시 사용할 수 있습니다.

핀헌터 가죽으로 된 패드를 손질하는 방법도 있습니다. 솔을 써서 가로로 길을 들이고 나면 슬라이딩 길이가 짧아집니다. 어떻게 길들이느냐에 따라 가죽제품은 성능이 달라진다는 건데요, 세로로 길들이면 슬라이딩이 길어지겠죠?

김혜진 오늘은 볼링화에 대해 알아봤습니다. 다음에도 많은 도움이 되도록 노력하겠습니다.

핀헌터 김혜진 프로님, 고정으로 나올 것 같습니다. (웃음)

김혜진 감사합니다. 저도 많은 공부가 되겠네요.

지옥의 10번 핀!

10번 핀 처리 꿀팁

프로선수의 영원한 숙제, 10번 핀. 공이 1, 3번 포켓으로 정확히 들어갔는데 10번 핀이 남은 적이 있는가? 10번 핀이 남는 데는 다 이유가 있다. 사실, 볼이 '제대로' 입사하면 10번 핀은 남지 않는다. 잘못 들어가서 그런 것이다.

10번 핀이 남는 이유

10번 핀이 남는 현상은 크게 '링텐Ring Ten'과 '위크텐Weak Ten' 둘로 구분한다. 볼이 1, 3번 핀 포켓으로 진입할 때 보통 3번이 6번을, 6번이 10번을 때리게 된다. 이때 6번 핀이 10번을 제대로 타격해야 하는데 그러지 않고 10번 핀을 빙글 돌며 나갈 때 이를 링텐이라 한다. 10번 핀을 동그랗게 돌아나간다고 해서 '링텐'이라 부르는 것이다.

링텐은 포켓에 두껍게 진입할 때 많이 남는다. 반대로 약하게 들어가면 6번 핀이 10번 핀 앞에서 쓰러지거나 가터 방향으로 지나가는 경우가 있는데 이를 '위크텐'이라 한다. 이럴 때는 포켓을 조금 두껍게 공략하면 10번 핀을 해결할 수 있다. 선수들은 시합 때 10번 핀이 남을 것을 예측하기 때문에 항상 6번 핀의 움직임을 예의주시하며 경기한다.

10번 핀은 선수들도 어려워한다. 스탠스는 맨 아래에 선다. 왜 그럴까? 공을 던진 라인이 아닌 다른 쪽에는 오일이 많고 공이 굴러가는 길이가 가장 길기 때문이다. 대각선 방향이라면 1피트 정도 더 길어질 터인데 라인을 조금이라도 더 길게 잡아야 레인이 실수를 덮어줄 수 있다. 직구로 10번 핀을 잡는 방법이 가장 어렵다.

맨 끝 자리에 서서 왼쪽 엄지발가락을 핀에 맞춘다. 발을 먼저 맞추는 것이다. 발끝을 대각선 쪽을 향하면 몸의 각도도 달라질 것이다. 그러나 발을 정면에 두고 상체만 틀어서 투구하면 몸이 발의 방향쪽으로 돌아와 실투가 생길 수 있다. 삼각형(에이밍 스폿)은 가운데(4번)를 통과하게 굴리면 된다.

주의할 점

수직에너지가 많으면 공이 돈다. 즉, 팔을 끝까지 올리면 스핀 때문에 10번 핀을 놓칠 수 있다는 것이다. 수평에너지를 위해 공을 죽 밀어준다는 느낌으로 굴리면 훨씬 수월하게 10번 핀을 처리할 수 있다.

턴을 너무 많이 해서 10번 핀을 자주 놓친다면 엄지와 중지만 넣고 굴려보라. 중지는 전진롤을 만드는 데 사용되기 때문에 중지만 넣고 투구하면 공은 그냥 밀려나간다. 하지만 부상의 위험이 있으니 권하진 않는다.

수평에너지를 구사해도 잘 안 된다면 무릎을 마지막에 세워보라. 릴리스가 짧아지고 전진롤이 강해진다.

하우스볼이나 하드볼로 연습하는 법

하우스볼이나 하드볼로 연습하는 법을 알아보자. 하드볼은 외피 강도가 대개 딱딱해서 붙여진 이름이다. 하드볼로 투구할 때는 실수가 가감없이 드러난다. 소프트볼은 내가 좀 놓치거나 자세가 좀 흐트러져도 볼의 특성으로 훅이 발생하거나 스폿을 놓쳐도 1, 3번 핀으로 들어가는 경우가 상당히 많다.

하드볼은 그렇지가 않다. 내가 실수한대로 결과가 나타난다. 하드볼보다 더 좋은 연습도구는 없다고 해도 과언이 아니다.

하드볼로 연습해야 하는 사람은 맨 아래 스폿으로 내려가서 공을 돌려 던지는 볼러가 해당된다. "윗자리에서는 투구가 안 된다" 싶은 사람은 윗자리에서 연습을 해야 올라갈 수 있다. 스폿은 총 7개인데 7개 스폿을 다 쓸 수 있어야만 어떤 레인을 만나더라도 스폿을 융통성 있게 조정하여 점수의 격차를 좁힐 수 있다.

일반 볼링장에 가면 위쪽에는 오일이 많이 없기 때문에 난이도는 상당히 쉬운 편이다. 서는 자리는 15쪽 위로 올라간다. 15쪽 아래로 내려가서 투구하면 안 된다. 앵글이 만들어지지 않아 1, 3번 포켓으로 들어간다손 치더라도 스트라이크를 만들어내기가 어렵다. 때문에 위쪽에서 투구하는 연습을 하드볼로 하는 것이다.

혹자는 '제가 애용하는 볼링장은 너무 돌아서 연습이 안 된다'고 하는데, 레인이 돌아도 하드볼로 연습하면 오일이 많은 레인에서 연습하는 것과 같은 효과를 낸다. 즉, 레인을 탓할 문제는 아니라는 이야기다. 자신이 레인에 맞추면 된다.

핀헌터가 하드볼로 연습하는 예

우선 15쪽에 서서 7쪽에 볼을 통과시킨다. 항상 다음 투구를 준비하는 것이 중요하다. 방금 15쪽에 서서 7쪽에 놓았는데 20쪽으로 들어갔다면 스폿을 더 내려와야 한다. 두 쪽 정도 내려와서 투구해보면 어떨까? 17쪽에 서서 7쪽으로 투구하고 1, 3번 포켓에 입사하는지 결과를 지켜본다. 이때 4번 핀이 남는다면? 100퍼센트 두껍게 들어갔다는 방증이다. 스폿을 조정하면 4번이 남지 않을 것이다.

초보 볼러라면 결과를 보고 바로 내려가시는 안 된다. 세구력이 떨어지기 때문이다. 가령 7쪽으로 투구해야 하는데 10쪽에 놓고 20쪽에 놓으면 연습이 안 된다. 자신이 놓으려는 스폿은 고정해 두고 연습해야 한다. 그래야만 정확히 놓을 수가 있다.

보드 하나는 1인치(2.54센티미터)인데 반 보드씩 이동해서 스폿을 조정하는 방법도 있다. 7쪽으로 투구했는데 조금 두꺼웠다면 반 보드만 내려가서 투구해도 된다. 17.5보드에서 7쪽에 놓아본다. 이처럼 반 보드만 이동하면 두껍게 혹은 얇게 입사되는 공을 조절할 수 있다. 꼭 한 보드씩 움직여야 한다는 생각은 버리라. 세밀한 조정이 필요할 때도 있다.

왜 무릎과 골반이 아플까?

핀헌터 오늘은 브런스윅 오승이 프로님과 함께 통증에 대해 자세히 알아
보는 시간을 가져볼까 합니다.

오승이 안녕하세요, 팀 브런스윅의 오승이 프로입니다. 통증을 유발하는
잘못된 착지에 대해 몇 가지 설명해 드리겠습니다.

첫째, 스텝형 슬라이딩을 하는 볼러가 겪는 통증인데요, 왼발을 디
디면서 나가면 체중이 허벅지가 아니라 무릎에 쏠리면서 안쪽 무릎
과 골반에 통증을 느끼게 됩니다.

둘째는 서서 슬라이딩하는 볼러가 느끼는 통증입니다. 하체가 높
은 자세로 일관하는 볼러 또한 무릎에 체중이 실리면서 무릎 위쪽
이 충격을 받게 됩니다.

셋째, 착지자세가 과도하게 낮은 경우에도 무릎 통증을 겪는데요,
이때는 무릎이 갑작스레 이완되면서 무릎에 무리가 오게 됩니다.

그렇다면 바람직한 착지자세는 무엇일까요? 디딤발(오른발)을 사용

하여 왼발 앞꿈치로 밀면서 슬라이딩하는데 뒤꿈치에 제동이 걸릴 경우 무릎은 엄지발가락보다 나와 있어야 하고, 체중은 허벅지에 실어야 합니다. 이때 허벅지에 근육통이 발생하는데요, 이건 나쁜 것이 아니라 잘 된 착지를 반복적으로 하다 보면 근육통은 자연스레 없어집니다.

핀헌터 볼러가 가장 많이 느끼는 통증이 골반이라고들 합니다.

오승이 맞아요!

핀헌터 스텝을 연습시키면 다음날 골반이 아프다고 많이들 이야기합니다. 골반 통증은 왜 느낄까요?

오승이 초보자가 흔히 겪는 골반 통증은 대부분 착지자세에서 중심이 하중이 아니라 밖으로 나가는 경우에 느낍니다. 즉, 무릎이 밖으로 빠졌을 경우 골반이 열리면서 사타구니와 엉덩이 쪽에 무리가 오게 됩니다. 그럴 때는 무릎을 안쪽에 고정해두고 허벅지에 무게를 실어야 합니다.

핀헌터 통증이 그치지 않으면 어떻게 해야 할까요? 그냥 쉬어야 할까요?

오승이 병원에 가면 일단 쉬라고 합니다만, 쉬고 나서라도 자세가 잘못되면 통증은 다시 찾아오게 마련입니다. 그러니 착지자세를 교정해야 볼링을 다시 하더라도 통증은 느끼지 않을 겁니다.

핀헌터 오늘 오승이 프로님과 통증에 대해 알아봤습니다. 앞으로 볼러가 아프지 않고 볼링을 계속 즐길 수 있으면 좋겠습니다.

레이다운 포인트

이것이 일정한지, 일정하지 않은지에 따라 볼링 실력이 좌우되는 것이 있다. 레이다운 포인트를 두고 하는 말이다. 아마추어의 점수가 대략 어느 정도 나올지 짐작할 수 있는 근거가 바로 레이다운 포인트이다. 레이다운 포인트가 일정하면 점수도 높게 나온다.

레이다운 포인트란 공이 떨어지는 위치를 말한다. 당구도 마찬가지 아닐까? 큐대를 잡는 모양새만 봐도 '얘는 한 200이상 치겠는데?' 라는 예상이 가능하듯 말이다. 볼링은 레이다운 포인트가 일정한가, 아닌가에 따라 볼링 실력이 결정된다고 해도 과언이 아니다.

가장 기본적인 레이다운 포인트는 착지하는 발을 기준으로 30센티미터 정도 된다. 이때 공은 착지 발을 침범해서는 안 된다. 볼이 착지 발쪽에 들어왔다는 것은 어깨가 앞으로 나왔다는 방증이기 때문이다.

레이다운 포인트로 조절할 수 있는 것

볼의 혹을 좀더 빨리 만들고 싶다면 레이다운 포인트를 몸과 가깝게 두면 된다. 레인에 오일이 많을 때는 공이 빨리 회전시키는 것이 좋다. 엄지를 빨리 떨어뜨려 레이다운 포인트를 가깝게 만들라. 반면, 레인이 돈다면 볼이 떨어지는 위치와 몸의 거리를 길게 잡으라.

레이다운 포인트가 전후좌우로 일정하지 않게 떨어지면 곤란하다. 똑같은 스폿을 지나간다 해도 공의 움직임이 달라지기 때문이다.

레인이 돌거나 밀릴 때 레이다운 포인트를 이해하고 이를 조절할 수 있다면 볼링에 큰 도움이 될 것이다. 필자의 레이다운 포인트는 20~30센티미터 사이다.

레이다운 포인트로 직접 훅을 조절해보자. 유튜브에는 강좌가 많이 있지만 자신에게 맞는 것은 선택하고 그렇지 않은 것은 과감히 버리자. 오만가지 레슨을 다 섭렵한답시고 고집을 부리면 뒤죽박죽이 될 뿐이다. 자신이 잘하는 것을 계속 키워나가야 볼링을 잘할 수 있는 것이다.

L, U, V자 스윙에 따라 레이다운 포인트가 조절된다. 예컨대, V자로 스윙을 하면 레이다운 포인트가 몸에 가까워지고, L자 스윙이라면 몸에서 멀어질 것이다. 레이다운 포인트가 일정하도록 연습하고, 앞뒤로 조절하면서 레인변화에 적응해 나가길 바란다.

로테이션 기초

일명 '털어치기'라고 하는 크랭커 스타일에 대해 이야기해보자.

왜 크랭거를 선택하는가?

혹이 멋있고 핀 액션이 강력하다는 이유를 많이들 꼽지만 중도에 좌절해서 포기하는 볼러가 상당히 많다. 실은 잘 안 된다.

왜 안 될까?

볼링은 전반적인 밸런스가 매우 중요한 스포츠다. 스텝, 스윙, 리듬, 밸런스, 타이밍 중 어느 하나 어긋나서는 크랭커를 구사할 수가 없다.

혹자는 크랭커를 배우기 위해 영상을 많이 찾아보는데 주야장천 손기술만 반복해서 보는 우를 범하기 일쑤다. 그러니 부상도 잦아지고 볼의 모션도 이상해지는 것이다. 컨트롤이 안 되기 때문이다.

영상을 볼 때는 스텝부터 타이밍 일체를 유심히 관찰해야 한다. 그럼 필자와 함께 크랭커를 하나씩 차근차근 짚어보자.

'털어친다'는 것은 텐션을 만들어준다는 뜻이다. 손목의 흔들림을 두고 하는 말인데, 손목으로 털어치려면 손목에 힘을 **빼야** 한다. 힘을 주면 신속한 텐션이 어렵다.

크랭커는 로테이션 중 하나에 해당되는데, 이를 구사하려면 손목이나 팔꿈치 혹은 어깨를 써야 한다. 물론 손가락으로만 구사하는 경우도 있다. 즉, 특정한 크랭커가 정답은 아니라는 이야기다.

크랭커는 4단계로 이루어져 있다.

첫째는 플렉션, 혹은 커핑 단계다. 중약지가 엄지보다 앞에 나와 있는 동작을 플렉션이라 한다. 중약지가 엄지보다 앞에 있어야만 손바닥이 공을 받칠 수 있다. 플렉션(커핑)을 너무 과하게 만드는 건 바람직하지 않다. 커핑이 과도하면 스윙이 끊어지고 스피드도 떨어진다. 아울러 일관성도 줄어든다.

중약지가 엄지보다 1밀리미터라도 앞에 있으면 된다. 중력의 작용으로 떨어지려는 공을 온전히 받치고 있는 상태가 커핑이다. 홀에 손가락을 끼지 않고 진자운동을 해보라. 이때 커핑의 강도를 좀더 높이려면 손목을 너무 꺾으려 하지 말고 팔꿈치만 가볍게 접고 펴주면 된다.

초심자들이 팔꿈치를 접었다 펴는 영상을 보며 따라할 때 주의해야 할 점이 있다. 백스윙시 팔꿈치를 구부리면 안 된다는 것이다. 스피드가 죽어버리는 데다, 제구력도 떨어지고 체력소모도 많아지기 때문이다. 백스윙에서 팔이 떨어질 때 가볍게 팔꿈치를 접되, 팔이 몸의 라인에 왔을 때 접어야 한다. 이때 팔꿈치를 '팡!' 하고 펼 때 손목이 자연스레 흔들리면서 볼이 회전하게 되는 것이다.

손목을 억지로 흔들려고 해서는 안 된다. 팔꿈치를 펴는 순간 반동으로 손목이 흔들려야 스윙 스피드도 빨라지고 리듬과 템포가 일정해질 것이다. 팔꿈치를 펼 때 공이 자연스럽게 손목을 흔들고 지나가야 한다는 것이 중요하다.

손목을 의도적으로 펴려고 하면 공은 이미 떨어진 뒤기 때문에 아무리 중약지를 걸려고 해도 소용이 없다.

볼링공은 상당히 무겁다. 15파운드 볼은 약 7킬로그램 정도 된다. 이 무거운 공에 운동에너지까지 만들어야 한다. 필자의 스피드는 약 시속 29~30킬로미터 정도다. 이를 운동에너지로 환산하면 '질량 × 속도'이므로 210킬로그램이나 된다. 즉, 스윙에서 볼이 나가는 순간 에너지는 200킬로그램이 훨씬 넘는다는 것이다.

200킬로그램이 넘는 에너지를 손이 감당할 수 있을까? 공을 세게 잡고 안 보내려 해도 공은 앞으로 굴러갈 터인데, 이때 공을 잡고 있으려는 동작을 유지하고 있어야 중약지가 걸리면서 스윙이 자연스럽게 완료될 것이다. 그래야 일정한 타이밍도 기대할 수 있다.

두 번째는 어덕션이다. 중지보다 짧은 약지손가락이 중지보다 길게 빼면 되는데, 어덕션의 장점은 안에서 밖으로 나가는 힘이 강해진다는 것이다. 힘은 안으로 모이려는 성질이 있다. 어덕션은 안에서 힘을 모아 바깥으로 내보내는 에너지를 만들어낸다. 어덕션을 많이 할수록 턴도 늘어나게 된다.

세 번째는 어브덕션으로 어덕션과는 상반되는 동작을 일컫는다. 그리고 어덕션과 어브덕션 사이에서 손목이 펴지는데 이를 네 번째 단계인 익스텐션이라 한다.

이 4단계를 통틀어 '로테이션'이라 한다. 어덕션과 어브덕션은 럭비공으로 연습하면 좋다. 우선 공의 하얀 부분에 중약지를 일자로 잡는다. 연습할 때 럭비공은 평행하게 회전해야 한다. 럭비공이 삐뚤빼뚤 돌면 잘못하고 있는 것이다. 웨이트볼은 플렉션과 익스텐션을 연습할 수 있다.

요컨대, 플렉션을 비롯하여 어덕션과 어브덕션, 이 사이에 익스텐션으로 턴하는 4단계를 이해한다면 '로테이션'의 의미를 정확히 알 수 있을 것이다.

핀 액션도 좋고 소리도 안 나는 무소음 볼링

핀헌터 김영준 프로님이 상주하는 볼링장에 왔습니다. 김영준 프로님, 반
갑습니다.

김영준 안녕하세요.

핀헌터 오늘은 무소음 볼링 요령, 궁금하셨죠? 이 방면에서는 김영준 프
로님이 대가입니다. 소리가 나지 않게 투구하면 어떤 장점이 있는지
김 프로님이 설명해주실 겁니다.

김영준 저는 헤드를 빨리 통과시키고 소리가 나지 않게 보낸다는 느낌으
로 투구합니다.

핀헌터 소리가 나지 않게 투구하는 노하우가 있나요? 독자 여러분이 궁금
해 하실 것 같은데요.

김영준 슬라이딩과 손이 같이 나간다는 느낌으로 굴려야 합니다. 물론 정
말 같이 간다는 뜻은 아니고요, 슬라이딩이 이루어지자마자 릴리스
가 되는 거죠.

핀헌터 무소음이라고 하면 대개는 자세를 많이 낮춰야 한다고들 생각할 것 같은데요. 바닥에 붙어서 굴린다든지 해도 될까요?

김영준 네, 그것도 방법이 될 수 있습니다. 자세가 낮으면 아무래도 레인과 가까워질 테니까요.

핀헌터 공을 '눌러 친다'는 표현이 있는데요, 공을 눌러서 소리 안 나게 보내면 핀이 바닥에 깔려서 핀 액션도 좋아지지 않나요?

김영준 깔리죠. 튀는 현상이 많이 없어집니다.

핀헌터 볼링공이 핀을 타격할 때 핀이 '팡'하고 날아다니면 멋져 보이죠? 하지만 점수는 안 나옵니다. 핀이 남을 수 있는 확률이 높아지거든요. 핀은 핀덱에 깔려서 많이 움직일수록 점수가 높아집니다.

김영준 레인이 돌거나, 헤드를 빨리 통과시키고 싶을 때 볼을 낮게 던집니다. 스텝에서 슬라이딩과 손이 같이 간다는 느낌으로 투구하는데요, 로프팅할 때는 로테이션 방향을 위로, 엄지 방향을 위로 빼준다는 식으로 던지고, 낮게 던질 때는 엄지를 바닥에 누른다는 느낌으로 투구합니다.

핀헌터 훌륭한 레슨 감사드립니다.

김영준 감사합니다.

로프트 볼, 왜 던질까?

볼을 멀리 던진다는 '로프트 볼'을 알아보자. 공은 왜 던질까? 굴리는 사람도 있지만 멀리 던지는 사람도 간혹 눈에 들어온다. 볼을 던진다고 해서 나쁜 것은 아니다. 로프트 볼에도 장점은 있게 마련이다. 파울라인 부터 스폿까지를 헤드라고 하며, 헤드 부분의 오일이 가장 빨리 마른다. 공이 떨어지면 오일이 계속 뒤로 밀리기 때문이다. 로프트 볼은 기름이 마른 헤드를 통과하여 오일에 직접 닿게 되므로, 레인이 좀 돌면 공을 던지는 선수도 있다. 레인이 돌수록 더 멀리 던질 것이다.

볼을 던지더라도 거리는 일정해야 한다. 30센티미터나 50센티미터 혹은 1미터 등 중구난방으로 던지려면 안 하는 편이 낫다. 연습이 뒷받침되어야만 일정한 거리를 던질 수 있는데, 이에 도움이 될 만한 몇 가지 팁을 일러주겠다.

사람마다 다르겠지만, 악력을 써서 인위적으로 던지는 경우도 있고 무릎을 이용하는 방법도 있다. 그럼 엄지와 무릎을 이용해서 볼을 던지는 법을 알아보자.

투구할 때는 레인에 있는 표시를 보고 던지는 것이 좋다. 처음에는 앞에 찍힌 10개의 가이드 스폿(동그란 점)을 맞춘다는 생각으로 연습해보자.

우선 볼이 떨어지는 위치와 타이밍을 점검해보라. 처음에는 갈피를 잡지 못하는 경우가 허다하다. 하지만 연습을 하다보면 '이런 식으로 던지면 저기까지 가는구나.' 감을 잡을 수 있을 것이다. 가이드 스폿까지 공을 보내기 전 머리에 명령하는 것도 중요하다.

'가이드 스폿까지 공을 던질 거야.'

명령을 반복하며 연습하면 그만큼 몸이 기억하는 속도도 빨라질 것이다. 모든 연습이 그렇다. 볼을 던지려면 손바닥이 하늘을 가리켜야 한다. 손바닥이 왼쪽을 보고 있으면 로프팅이 어렵다. 또한 팔만 쓰려고 해도 멀리 던질 수가 없다.

무릎을 세워야 한다. 즉, 착지와 스윙할 때 무릎을 세워서 던진다는 것이다. 무릎을 펴면서 농구공으로 슛을 쏜다는 느낌으로 던지면 볼을 멀리 보낼 수 있다. '가이드 스폿' 다음에는 '에이밍 스폿'까지 거리를 늘려 보라.

유튜브에는 볼링 강좌가 정말 많다. 너무 많은 기술에 욕심 부리지 말고 하나를 하더라도 진득하게 섭렵해야 실력을 높이는 데 밑거름이 될 것이다. 하나라도 제대로 습득할 때까지 연습하라. 이런 저런 지식을 조금씩 해보고 말면 무슨 기술을 어떻게 구사해야 할지 도통 감을 잡을 수 없을 것이다. 하나의 기술이라도, 시간이 걸리더라도 온전히 자기 것으로 만들라.

제구력을 높이는 비결

제구력을 높이려는데 잘 안 된다는 독자가 더러 있는데 우선 손과 몸을 정렬해야 한다. 원하는 방향으로 공을 보내려면 정렬이 필요하다. 그럼 기준점과 정렬을 구체적으로 살펴보자.

기준이라면 '스폿을 어느 손과 맞춘다'는 식의 기준을 두고 하는 말이다. 스폿을 공과 맞추거나 명치와 맞추거나, 중지 혹은 검지로 맞추는 등 방법은 다양하다. 필자는 중지를 기준으로 삼는다.

공을 들고 서서 가장 먼저 해야 할 일이 있다. '15쪽에 볼을 놓을 것'이라면 중지를 15쪽에 맞추는 것이 중요하다. 푸시와 백스윙을 거쳐 팔로윙스루 때도 15쪽과 일치해야 한다. 즉, 자신이 보내고자 하는 방향과 기준점이 맞아야만 볼을 정확히 놓을 수 있다는 것이다.

얼리턴이 너무 과도해서 스폿을 놓친다면 중지를 기준으로 삼지 말고 새끼손가락에 스폿을 맞추라. 손이 덜 돌아가 얼리턴을 비교적 잘 교정해줄 것이다. 손가락과 놓고자 하는 스폿이 동일선상에 있어야 한다. 스윙 동작에서 어느 한시라도 기준점을 벗어나서는 스폿을 통과할 수 없는 건 당연한 이치다. 손이 기준 스폿에서 안쪽으로 틀어지면 볼도 안쪽으로 들어갈 수밖에 없다.

초보 볼러의 경우, 푸시할 때는 기준 스폿에 맞더라도 백스윙에서 돌아올 때는 맞지 않는 경우가 다반사다. 그렇다면 푸시할 때와 백스윙 후 팔이 아래서 위로 올라올 때만 우선 맞춰보자. 두 군데를 맞출 수 있다면 세 군데로 늘리는 것도 방법이다. 처음 투구 자세를 잡을 때 한 번, 푸시할 때 한 번, 백스윙 후 팔이 올라올 때 한 번 맞추는 것이다. 세 번으로 늘리면 정확성은 더 높아질 것이다.

스폿과 스윙라인은 일치해야만 힘과 제구, 두 마리 토끼를 잡을 수 있다.

보다 쉽게 연습하는 요령도 있다. 푸시할 때 호흡도 같이 맞춰주는 것이다. 이를테면, 15쪽부터 멀리는 7쪽까지 연결하는 긴 빨대가 있다고 상상해보라. 푸시하면서 숨을 뱉어낼 때는 입김을 스폿까지 보내고, 릴리스 순간에는 입김이 브레이크 포인트까지 간다고 생각한다. 정확성뿐 아니라 집중력도 좋아질 것이다.

호흡도 중요하다. 호흡을 멈추면 순간적인 힘을 쓰려고 하니 체력소모가 많아진다. 힘을 쓸 때는 숨을 뱉어내는 것이 좋다. 호흡법도 사람마다 다르겠지만 앞서 언급한 호흡법은 필자만의 요령이다.

힘을 어떻게 써야할지 모르겠다면?

힘은 언제, 어떻게 써야 가장 효율적이며, 힘을 볼링공에 잘 전달할 수 있는 방법은 무엇일까? 이에 대해서는 레버리지(지렛대) 자세라는 이론이 있다. 공을 들고 있는 상태에서 팔이 지면과 수직일 때를 가려켜 '레버리지' 자세라 한다. 힘쓰기가 가장 좋은 자세이기도 한데, 레버리지 자세에서 힘을 쓰려면 공의 높이가 중요하다.

자세는 너무 낮추면 힘을 쓰는 건 고사하고 자세를 유지하기도 어렵다. 공이 어떤 위치에 있어야 힘을 쓰기가 편한지 시험해보라. 스윙할 때처럼 왼팔은 벌리고 오른팔이 지면과 수직이 된 상태에서 공을 잡는다. 이때 몸을 점점 낮추면 어떻게 될까? 낮출수록 힘이 더 든다. 무릎에서 발목까지 죽 내렸다가 다시 올려보라. 볼링공이 가볍다고 느껴지는 위치가 있을 것이다. 15파운드가 13, 12파운드 정도로 가벼워진 듯싶다고나 할까.

바로 종아리 부분이 그렇다. 높이는 종아리이고 위치는 발목이다. 팔꿈치가 다 펴졌을 때 이 지점에서 순간적인 임팩트가 터져야 볼링공에 힘을 실을 수가 있다.

물론 종아리에서부터 힘을 쓰려고 하면 임팩트 타이밍을 놓치기 때문에 제대로 힘을 쓰기가 어렵다. 그러면 컨트롤도 안 되고 스윙의 스피드도 느려질 수밖에 없다. 게다가 자세도 어색해질 것이다.

종아리에서 힘을 쓰려면 팔이 오른쪽 엉덩이에 올 때부터 준비를 해야 한다. 오른쪽 엉덩이를 지날 때 스윙을 좀더 빨리 만들어준다고 생각하면 임팩트가 제때 나타난다. '파워풀'한 스윙을 주문할라치면 백스윙에서 힘을 주려고들 하는데 그러면 힘을 쓸 수가 없다.

팔을 뒤로 한 채 힘을 쓰려고 하면 몸이 흔들리기 때문에 파워가 형성되지 않는다. 즉, 기다리는 시간이 필요하다는 것이다. 팔이 백스윙에서 엉덩이에 이를 때까지는 힘을 빼고 대기해야 한다. 이때 힘을 빼는 것이 가장 어렵다. 기다린 후 엉덩이에서 발목까지는 단숨에 끌어올린다고 생각하라. 힘쓰기가 한결 수월해질 것이다.

백스윙에서 볼을 잡아당기면 몸의 각도가 틀어지고 착지도 불안해지게 마련이다. 힘은 쓸 수 있을지언정 공은 엉뚱한 방향으로 굴러가고 체력소모도 많아질 것이다. 반면 발목에서 힘을 만들려고 하면 힘이 많이 들어간다. 15파운드가 20파운드인 양 체감 무게도 는다. 힘은 힘대로 들어가지만 스피드는 증가하지 않고 일관성 있는 스윙도 어려울 것이다.

회전(틸트) 쉽게 만들기

핀헌터 　오늘은 영화 '스플릿' 촬영지인 소이 볼링장에 왔습니다. 소이 볼링
　　　　장은 김형준 프로님이 상주하는 곳이기도 한데요, 안녕하세요. 김
　　　　형준 프로님.

김형준 　안녕하세요. KPBA 16기 김형준입니다. 오늘은 볼 틸트에 대해 궁
　　　　금해 하는 분이 많아서 이 점을 짚어드리려고 합니다. 틸트에는 0
　　　　도와 45도 및 90도가 있는데, 백엔드 움직임이나 헤드를 통과하는
　　　　속도는 틸트에 따라 크게 달라집니다. 우선 볼 파지법과 로테이션
　　　　요령부터 일러드리겠습니다.

　　　　물론 고수도 많지만 고수가 모두 저와 같은 기술을 구사하진 않
　　　　습니다. 고수들은 로테이션으로 틸트를 조절할 줄도 알지만 그러
　　　　기는 쉽지 않더라고요.

　　　　볼이 굴러가는 중심점이 밸런스 홀인데, 밸런스 홀이 정확히 측면
　　　　에 위치한 채 굴러갈 때를 0(제로) 틸트라 합니다. 밸런스 홀이 45도

와 90도일 때도 있는데, 90도는 홀이 볼러를 바라보기 때문에 훅이 가장 강합니다.

제로 틸트일 때는 볼의 중심을 약간 왼쪽으로 쏠리게 한 뒤, 오른쪽 어깨와 팔꿈치에 힘을 최대한 줄이고 볼의 중심은 왼팔에 둡니다. 푸시할 때 모든 힘을 다 빼주면 백스윙도 자연스럽게 올라가 진자운동을 유도할 수 있겠지요.

릴리스, 즉 공을 놓는 순간에는 옆에 있는 밸런스 홀을 의식합니다. 다운스윙 때는 그대로 중약지가 하늘을 볼 수 있게 들어줍니다. 팔로우는 짧게 들어주시고요.

볼이 나갔다 들어오지 않는 레인에서는 틸트를 세우지 않고 투구합니다. 입사각을 타이트하게 잡고 던질 때 제로 틸트를 많이 구사하고 있습니다.

핀헌터 김형준 프로님이 0와 45도, 90도 틸트를 말씀해 주셨는데요. 볼링공에 밸런스 홀이 없는 분도 많으실 거예요. 500밀리리터 물병을 보시면 감이 잡히실 겁니다. 뚜껑을 밸런스 홀이라고 생각하시면 됩니다. 뚜껑이 왼쪽을 보고 있으면 공의 틸트는 0가 될 겁니다. 스윙할 때도 뚜껑이 항상 측면, 9시 방향을 유지하면서 스윙하면 볼을 0 틸트에 맞출 수 있습니다.

김형준 45도 틸트는 제가 가장 선호하는 레인을 만났을 때 구사하는데요, 즉 백엔드 움직임이 까다롭지 않을 때 주로 45도 틸트를 활용합니다. 저는 공을 파지할 때부터 45도 틸트를 구사합니다. 0 틸트일 때보다 손목을 좀더 틀어 45도를 만든 채로 스윙합니다.

물론 레이다운 포인트를 멀게 혹은 가깝게 하느냐에 따라 틸트 조절도 가능합니다.

물병으로 설명하자면 뚜껑은 7시 방향에 고정시킵니다. 푸시할 때도 7시를 그대로 유지하는 거죠. 다운스윙과 백스윙 정점까지도 45도를 최대한 유지하려고 노력합니다. 다시 다운스윙 때는 팔꿈치가 무릎을 지나가는 시점에서 엄지를 뺍니다. 이때도 틸트는 그대로 가야 합니다. 이렇게 연습하면 45도 틸트를 쉽게 구사할 수 있을 겁니다.

90도 틸트는 백엔드 움직임이 가장 날카로워 잘 사용하진 않습니다.

틸트에는 정답이 없습니다. 레인 컨디션에 맞춰 잘 활용하느냐가 가장 중요하기 때문에 셋 중에 하나를 제대로 숙달해서 90퍼센트 정도까지 끌어올리는 것이 바람직합니다.

한 가지 주의해야 할 점은 공을 오래 끌고 가야 한다는 것입니다. 무릎과 팔꿈치가 최대한 일치될 때 엄지를 빼주는 것이 가장 적합하다고 봅니다.

핀헌터 공은 굳이 돌리지 않아도 돈다는 사실을 체감하기까지는 1, 2년 정도 상당한 시간이 걸리는데요, 그때가 되면 '내가 왜 바보같이 무리하게 공을 돌렸지?' 싶을 겁니다. 무엇보다도 공은 돌린다고 해서 많이 도는 것은 아닙니다.

김형준 그렇죠.

핀헌터 김형준 프로님, 끝으로 독자 여러분께 하실 말씀이 있다면서요?

김형준 볼링에 확실한 건 없습니다. 0이든, 45도든 90도든 가장 자신 있는 틸트를 선택해서 점수가 잘 나오면 그게 답이라는 점을 말씀드리고 싶네요.

핀헌터 볼을 세우고 눕히는 좋은 기술 알려주셔서 감사합니다.

김형준 감사합니다.

여유 있는 볼링

체공시간을 늘리고 싶다는 볼러가 많다. 백스윙 정점에서 힘으로 버티려고 하면 버틸 수가 없다. 힘으로 버티면 진자 스윙이 깨져 일관성이 없어진다. 체공 시간을 늘리려면 어떻게 해야 할까? 백스윙 정점에서 멈춰야 하지만 힘으로 버티려 하면 안 된다. 팔꿈치에 무리가 올 것이다.

백스윙할 때 몸을 낮추는 것이 정답이다. 백스윙시 무릎을 낮추면 체공시간을 벌 수 있다. 팔은 뒤로 올라가려 할 때 몸통은 낮추는 것이다. 그러면 체공시간도 길어지고 힘도 덜 수 있다.

4스텝을 기준으로 세 번째 스텝시 오른쪽 발이 착지했을 때 백스윙은 이미 멈춘 상태여야 한다. 이때 몸을 아래로 내리는 것이다. 스텝을 밟을 때 무릎을 낮춘다고 생각하라. 무릎을 낮추면 체공시간뿐 아니라 킥의 에너지도 강해진다. 킥이란 슬라이딩 직전 발을 가리키는데, 이때 몸이 가장 낮다고 생각하면 된다. 그러면 체공시간도 벌고 강한 킥 에너지도 기대할 수 있을 것이다.

퍼스널 넘버

퍼스널 넘버란 무엇일까? 슬라이딩시 발이 착지하는 지점과 손에서 공이 떨어진 지점간의 간격을 일컫는데, 퍼스널 넘버를 정확히 알면 일관성을 높일 수 있다.

볼링공을 잡고 마지막 자세를 취한 뒤 공을 바닥에 떨어뜨려보자. 공이 떨어진 지점은 자신의 어깨너비와 같다. 퍼스널 넘버는 사람마다 다르다. 필자는 착지발과 공의 간격이 6~7쪽 정도 된다. 성인 남성은 대개 5~7쪽 정도, 여성은 어깨가 작기 때문에 4~6쪽 정도 된다. 스탠딩 스폿에서 가장 편하게 던질 수 있는 간격은 어깨너비이다.

공은 어디에 놓는 것이 가장 좋을까?

왼발에서 30센티미터 정도 앞에 놓는 것이 좋다. 공이 떨어지는 지점을 레이다운 포인트라 한다. 레이다운 포인트가 얼마나 일정한가에 따라 실력을 유추할 수 있다. 즉, 볼링을 잘하는 사람은 레이다운 포인트가 항상 일정하다는 것이다.

엄지 타이밍을 빨리 빼면 공은 좀더 빨리 떨어진다. 레인에 오일이 많을 때는 공을 일찍 떨어뜨려 회전을 좀더 빨리 만들어주는 것이 좋고, 레인에 오일이 없을 때는 조금 멀리 던진다. 로프트 볼을 두고 하는 말인데, 이때 는 볼의 훅성이 좀더 뒤에 나타나기 시작한다.

볼링공이 떨어지는 위치는 왼발을 침범해서는 안 된다. 이는 어깨가 앞으로 나왔다는 방증이기 때문이다. 몸과 스윙의 방향은 항상 평형해 야 한다.

퍼스널 넘버를 정확히 확인하는 방법

볼을 어깨너비 아래 두고 볼 옆에 박스를 하나 둔다. 스윙할 때 볼이 박스에 닿지 않았다면 퍼스널 넘버를 지키면서 스윙한 것이다. 그러나 스 윙시 팔이 벌어지면 볼은 박스에 부딪치게 된다. 박스와 볼의 간격은 좁 을수록 일관성이 높아진다. 이를 좁힐 때 여러분의 퍼스널 넘버가 나올 수 있을 것이다.

퍼스널 넘버를 줄일 때 주의해야 할 점이 있다. 스윙시 팔은 몸에 붙이 는 것이 중요한데, 팔꿈치가 돌아가 몸에서 떨어지면 퍼스널 넘버가 벌어 지게 된다.

팔이 자꾸 돌아간다는 볼러가 많다. 턴할 때 새끼손가락이 중심이 된다 고 생각하면 팔 안쪽이 오른쪽 허벅지에 붙기 때문에 힘 전달력과 일관성 이 좋아질 것이다.

팔을 붙이라고 하면 되레 당기는 경우가 더러 있다. 어깨와 팔이 안쪽 으로 들어와서는 안 된다. 팔을 어깨에 고정한 상태에서 몸에 붙여 스윙

135

한다고 생각하자. 다리가 손에 붙는 느낌이랄까. 다리를 인스텝으로 넣고
팔은 그대로 스윙하면 다리와 손을 좀더 붙일 수 있다. 그러면 퍼스널 넘
버도 줄어들 것이다.

▲퍼스널 넘버

레인은 퍼스널 넘버를 지키면서
이동해야 한다. 예컨대, 어깨너비가
7쪽인데 간격이 10쪽 이상 벌어지
면 제구력이 크게 떨어진다. 레인이
돌아 스폿을 내릴 때 에이밍 스폿
을 그대로 두면 손이 몸에서 벌어
지거나, 몸의 각도가 너무 틀어질
수밖에 없다. 퍼스널 넘버를 지키
면서 스폿도 같이 이동하라.

퍼스널 넘버를 줄여 일관성을 높일 수 있다면 볼링 실력이 일취월장 발
전할 것이다.

허리를 이용한 스윙

볼링에서 '킥'이 중요하다는 말을 많이 듣는데, 킥과 동시에 허리를 이용하여 스윙을 구사하는 것이 그 다음으로 중요하다. 고급 레슨인지라 말로 표현하기는 쉽지가 않다.

볼링을 하면서 허리를 느끼기란 상당히 어렵다. 왜일까? 팔로 무거운 물건을 들고 있으니 허리의 움직임보다는 스윙에 신경이 더 쓰이게 마련이다. 따라서 공을 들고 연습하는 것보다는 별도로 연습하는 것이 바람직하다. 그럼 허리는 어느 박자에, 어떻게 써야 하는지 자세히 알아보자.

야구는 허리를 엄청 많이 쓴다. 볼링도 마찬가지다. 야구와 볼링에는 비슷한 점이 많은데, 야구는 위로 던지고 볼링은 아래로 던진다. 야구에서 팔만 끼적끼적 쓰는 사람은 없다. 몸 전체를 쓰며 투구하는데 볼링도 몸을 써서 투구해야 한다는 것이다. 볼링에서도 작은 힘으로 큰 힘을 만들어내는 것이 중요하다. 이를 위해서는 하체와 허리를 적절히 활용해야 한다.

선수들을 보면 아주 가볍게 투구하는 것 같지만 스피드와 롤이 상당한 것을 볼 수 있다. 허리를 효과적으로 이용하기 때문이다. 허리를 쓰지 못하면 스윙의 스피드도 떨어지고 순간적인 힘이 부족해진다.

착지 후 팔로만 스윙하는 볼러가 많은데, 팔을 쓰려면 몸이 개입해야 한다. 팔을 내 힘으로 당기는 것이 아니라, 몸이 팔을 당기는 것이 중요하다. 머리와 다리, 허리와 손의 순서로 팔은 몸이 끌고 와야 한다는 이야기다. 그래야 스윙의 리듬을 살리고 속도도 높일 수 있을 것이다.

머리와 다리, 허리와 손의 순서를 잊지 말자. 착지할 때 머리가 먼저 오지 않으면 엉덩이가 앞으로 가질 못한다. 반면, 머리가 앞에 가있으면 엉덩이는 뒤에 오게 마련인데, 이때 무릎과 골반의 사이를 줄여주어야 한다. 무릎과 골반의 사이가 멀다는 것은 허리를 쓰지 못하고 있다는 방증이다.

서있는 상태에서 엉덩이가 뒤로 가있을수록 허리가 앞으로 들어올 수 있는 간격이 많아져 허리를 힘차게 쓸 수가 있다. 스윙은 항상 몸이 끌고 다닌다고 생각해야 리듬을 맞추는 데 도움이 된다.

자세를 고치고 싶다면 자신의 자세를 정확히 아는 것이 중요하다. 자신의 투구 모습을 동영상 카메라로 촬영해서 계속 보라.

다리와 허리를 이용한 스윙

앞서 말했듯이, 스윙은 허리를 이용해야 좀더 부드러워지고 강력해진다. 허리를 이용한 스윙에 이어 이번에는 다리와 허리를 함께 사용하는 법을 알아보자.

'킥'을 하면서 엉덩이를 앞으로 밀어주는 것이 핵심이다. 킥을 정확히 구사할 때, 스텝은 뒤꿈치에서 앞꿈치로 걸어가는데 슬라이딩 직전 발은 인라인 스케이팅이나 스피드 스케이팅처럼 반댓발을 밀어서 추진력을 얻는 다. 즉, 킥을 구사하려면 반댓발의 에너지를 이용해서 밀어주는 동작이 나 와야 한다는 것이다.

볼러가 스스로 연습하려면 어떻게 해야 할까? 모든 동작을 한꺼번에 하면 잘 안 되니, 구분동작으로 자세를 만들어야 한다. 1~3스텝까지 했 다가 살짝 멈추고 나서 마지막 스텝을 연습하라. 멈추며 움직일 때는 오 른발의 에너지를 느끼면서 연습해야 한다. 그러고 나면 킥과 스윙을 붙인 다. 구분동작으로 자주 연습해야 자세를 자연스럽게 연결할 수 있다. 이 때 엉덩이를 앞으로 넣는 것이 가장 중요하다.

엉덩이가 앞으로 들어가는 동작을 느껴야 한다. 물론 공을 들면 이를

139

제대로 느끼기가 어렵다. 킥을 하면서 허리를 앞으로 넣는다고 생각하라. 앞서 강조했듯이, 머리와 다리, 허리 및 손의 순서대로 구분해서 연습하라. 구분동작을 항상 머릿속에 두고, 공을 들지 않았을 때도 이미지를 그리며 훈련하자. 다리와 허리를 쉽게 연결할 수 있을 것이다.

마지막 동작에서는 허리의 자세가 약간 서게 되는데, 무릎이 일어나는 것이 아니라 엉덩이가 앞으로 가면서 허리가 세워지는 것이다. 허리가 서지 않으면 팔로만 힘을 전달해야 하지만, 허리가 서면 허리의 힘을 쓸 수 있기 때문에 지렛대 효과로 강력한 스윙을 구사할 수 있게 된다.

ADVANCED

스플릿이 나는 롤아웃

'롤아웃' 왜 생길까? 롤아웃 현상을 두고 궁금해 하는 볼러가 적지 않다. '롤아웃'이란 회전하는 힘이 죽는 현상을 일컫는다. 공이 '풀린다' 고도 한다.

훅, 혹은 훅킹시 공이 도는 시점에서 에너지를 잃어버리느냐, 그러지 않고 방향을 유지하느냐에 따라 핀액션이 달라진다. 포켓팅이 같아도 롤아웃 현상이 생기면 핀액션이 저하된다. 액션이 죽는다는 이야기다. 살아있는 공이 핀을 타격하는 것이 아니라 죽은 공이 핀을 때린다는 느낌이랄까. 때문에 점수를 좀더 높이려면 롤아웃이라는 현상과 그 원인은 꼭 알아야 한다.

회전이 '죽는' 이유는 회전의 방향을 끝까지 결정하지 못하기 때문이다. 회전의 방향은 '턴'이 결정하는데, 턴 동작이 중간에 끊기면 공이 죽어버리고 만다. '턴'이란 6시에서 3, 4시로 가는 동작이라 했다. 즉, 턴을 3, 4시까지 온전히 해야 롤아웃을 방지할 수 있다. 6시에서 제대로 턴이 이루어지지 않으면 롤아웃이 발생할 것이다.

롤아웃이 되면 볼이 방향을 잡다가 어중간해진다. 앞서 말했듯이, 턴을 끝까지 못해서 롤아웃 현상이 생기기도 하지만, 공이나 레인의 컨디션 탓에 롤아웃이 일어날 수도 있다. 예컨대, 레인에 오일이 없는데 하이퍼 포먼스 볼을 쓰거나, 외피가 벗겨진 공을 쓰면 마찰이 너무 강하기 때문에 뒤에서 에너지를 잃어버리기 십상이다. 이때도 롤아웃 현상이 빚어지는 것이다.

턴은 자신 있게 '한 방'에 끝내는 것이 좋다. 턴을 하다가 말면 공의 백엔드가 죽어버린다. 물론 턴을 자신 있게 단숨에 해도 롤아웃이 생긴다는 볼러도 있다.

간단하고 편리하게 턴하는 요령이 있다. 공을 옆으로 들면 된다. 공은 잡은 그대로 투구한다. 양손의 새끼손가락을 마주본다고 생각하고 그 상태로 던지면 된다. 손바닥은 왼쪽을 향한 채 주먹을 쥐면서 올리라.

대개는 턴을 끝까지 하지만 때로는 일부러 턴을 하다 마는 볼러도 있다. 즉, 롤아웃을 인위적으로 만들어내는 경우도 있다는 것이다. 특히 레인에 오일이 없는 자리를 놓을 때는 공을 풀어 롤아웃을 유도하기도 한다.

볼링 공 복원과 관리 요령

양철모

볼을 복원하거나 관리하는 법도 알아둘 필요가 있다. 볼러 중에는 공에 기름이 많이 묻어나오고 모션이 많이 떨어져 점수가 잘 나오지 않는 사람이 많다. 대개는 볼을 잘 관리하지 않은 탓이 크다.

'지금껏 몇 게임을 해서 볼링공의 수명이 다 되었다'고 단정하는 사람도 더러 있는데, 사실 게임 수를 확인하는 볼러는 극히 드물기 때문에 게임 횟수로 수명을 가늠하는 것은 타당하지 않다.

오일을 많이 먹었는지 확인하는 요령은 손을 비벼 열을 일으킨 다음 공 외피에 손바닥을 살짝 댔다 떼면 볼에 손자국이 남게 된다. 이때 오일을 많이 머금은 볼은 오일이 올라오므로 그럴 경우에는 기름을 제거하는 게 좋다.

볼링공은 기름을 흡수한다. 기름을 머금으며 훅을 만들어내기 때문이다. 그러나 볼이 더는 기름을 머금지 못하는 상태가 되면 볼의 리액션이 많이 무뎌지고 만다. 이때 기름을 빼면 훅성은 다시 살아나지만 그것이 전부는 아니다.

오일을 빼고 나면 샌딩과 폴리싱을 같이 해주는 것이 좋다. 한번 기름을 머금은 볼은 흡수량도 많고 속도도 빨라지기 때문이다. 샌딩과 폴리싱을 겸하면 볼을 처음 것과 유사하게 만들 수 있는데 이를 '복원'이라 한다.

기름을 뺀 뒤 외피를 한번 깎아내고 나면(샌딩) 폴리싱 작업으로 이어진다. '폴리싱'은 외피에 광택을 입히는 작업을 일컫는다.

그럼 샌딩은 건너뛰고 폴리싱만 하면 어떻게 될까? 폴리싱은 공과 레인 표면의 마찰 정도를 가리키는 '마찰계수(클수록 마찰력도 증가한다)'를 높여주므로 이를 마친 볼은 백엔드에서 날카롭게 반응할 것이다. 그러나 볼의 특성을 감안해 보면 샌딩 볼이 필요할 때도 있다. 샌딩한 볼은 기름을 이기는 성질이 강해진다. 표면이 거칠기 때문이다. 따라서 다양한 레인에 적응하려면 폴리싱 볼과 샌딩 볼을 잘 이해하고 사용하는 것이 중요하다.

광택이 나는 볼은 기름을 비교적 덜 밴다. 폴리싱은 공을 한 번 코팅한 것과 같다고 보면 된다. 샌딩한 볼은 코팅이 없어 기름을 잘 머금는 편이다. 기름이 잘 안 배고 오랫동안 보존하고 싶다면 주기적으로 폴리싱을 해주면 좋을 것이다.

물론 샌딩이나 폴리싱을 무한정 계속해서는 안 되며, 대개 3번 정도까지 권한다. 사실 매번 샌딩은 어렵다. 기름을 뺀 다음에는 외피를 처리한 다음 폴리싱이나 그대로 사용하면 된다.

샌딩이나 폴리싱 없이 볼을 장기간 보존하려면 게임 후 볼을 깨끗이 닦아두는 것이 가장 좋다. 오일 제거제나 클리너를 사용하여 기름을 닦을 때는 오일이 묻은 자리에 클리너를 분사한 후 바로 닦지 말고 기름이 분해될 때까지 잠시 기다렸다가 타올로 닦아내는 것이 좋다.

볼링공 보관 요령

볼은 열기가 있다거나 직사광선이 들어오는 곳은 피해야 한다. 직사광선이나 열을 받으면 공이 머금고 있던 오일이 모두 증발해 버리기 때문이다. 그러면 볼이 쪼개질 수도 있다. 따라서 가급적이면 온도차가 심하지 않은, 서늘한 곳이나 햇빛이 들지 않는 곳에 보관해야 한다.

볼링장에 비치된 사물함은 이 조건을 모두 충족한다. 즉, 온도차도 심하지 않고 직사광선도 들지 않는다. 볼링공을 차에 두는 것은 바람직하지 않다. 처음에는 오일이 많이 빠졌다며 좋아할지 몰라도 자칫 공이 쪼개질 수도 있으니 말이다.

지공 레이아웃

양철모

레이아웃을 간단히 설명하자면 볼러가 볼을 쉽게 컨트롤하고 기량을 제대로 발휘하여 점수를 높일 수 있도록 유도하는 지공사의 작업을 말한다. 지공 방법에 따라 공의 움직임이 달라질 수 있다.

볼링공에는 각각 기본적인 스펙이 있다. 볼의 성능이 어떤 레인에서 극대화되는지 볼 박스에 명시되어 있는데 이 스펙은 사람마다 다르게 활용한다. 레이아웃이란 볼의 스펙을 볼러에게 잘 맞추는 작업이라 할 수 있다. 지공사와의 상담을 통해 볼을 자신에게 맞추는 것이 무엇보다 중요하다.

대표적인 레이아웃으로는 세 가지를 꼽지만 실은 쪼개면 쪼갤수록 많아진다. 구체적으로 설명하면 필요 이상으로 장황해지므로 세 가지만 언급할까 한다.

'핀업'을 비롯하여, 핀이 약지 밑으로 간 '핀다운' 지공과 '핀사이드' 지공이 대표적인 레이아웃이다.

핀업 | 핀다운 | 핀사이드

핀업은 하우스 패턴을 비롯한 기본 패턴에서 스키드(미끄러짐)나 백엔드 움직임이 가장 활발한 모션을 만들어주는 반면, 핀다운은 롱 패턴이나 볼을 쉽게 컨트롤할 수 있는 레이아웃이다. 아울러 핀사이드는 앞선 두 가지 성질을 고루 갖춘 편이라 파괴력이 비교적 높다.

볼러의 구질을 나누어 설명하자면 핀다운은 훅이 비교적 빨리 발생하기 때문에 스피드가 빠른 볼러에게 유리하고, 스피드가 느려 롤아웃이 발생한다면 핀업 레이아웃을 권한다. 물론 오일의 양과 패턴 및 두께에 따라 유리한 구질이 달라지므로 핀업과 핀다운을 두루 사용하는 것이 바람직하다.

핀사이드는 코어 각도가 약 45도인 레이아웃으로, 모든 볼러가 무난히 소화할 수 있는 지공법이다. 하수와 고수를 막론하고 볼의 움직임과 핀 액션이 좋아 가장 많이 선호한다.

레이아웃은 무엇보다 볼러와 지공사의 교감이 가장 중요하다. '공이 어느 지점에서 꺾이면 좋겠다.', 혹은 '공이 너무 일찍 풀리는 것 같다.' 라는 문제의식을 갖고 지공사를 찾으라.

볼링공의 복원시점은?

볼링공은 오일을 흡수하면서 훅을 만들어내지만, 볼이 흡수하는 오일이 꽉 차면 마찰이 많이 떨어진다. 날씨가 덥거나, 흡수한 오일이 너무 많다 싶으면 손바닥 열기만으로도 기름이 올라오게 된다. 기름을 상당히 많이 흡수했기 때문이다. 그럼 백엔드에서 마찰이 강하게 나올 리 만무하다.

볼링공의 외피는 땀구멍처럼 세밀한 입자가 촘촘히 박혀있어 마찰이 강하게 일어난다. 그러나 기름이나 기름때가 입자를 다 메워버리면 볼의 반응은 떨어질 수밖에 없는 것이다.

이때 초음파 세척기를 사용하면 깊숙이 있는 찌든 때까지 빼낼 수 있기 때문에 볼링공이 거의 새것처럼 복원된다. 사람으로 치면 모공에 있는 때까지 다 빼기 때문에 마찰이 잘 일어난다. 볼을 복원하면 오랫동안 쓸 수 있다. 볼링공 복원 시기는 250~300게임 정도로 본다. 그때 복원이 잘 된다.

볼링공에 긁힌 자국이 나면 누구든 속이 상할 것이다. 아끼는 물건에 난 흠집을 좋아할 사람은 없을 테니까. 하지만 볼을 굴리다 보면 흠집은 어쩔 수가 없다. 레인에 있는 모래나 기계 등으로 자국은 남을 수 있다.

핀하고 부딪치면서 외피가 까질 수도 있고, 외부 요인 탓에 기스가 날 수도 있다.

트랙 기스

일자로 나는 트랙 기스가 났다는 것은 리프팅을 일정하게 잘했다는 방증이다. 반면 리프팅을 잘못하면 기스가 사선으로 나게 된다. 즉, 트랙에 나는 기스를 보면 리프팅 실력을 가늠할 수 있다는 것이다.

오일 제거

볼링공의 오일을 빼는 방식으로는 건식과 습식이 있다. 건식으로 강한 열을 발생시켜 오일을 빼면 공이 깨지기 쉽고, 기름이 제대로 빠지지 않을 수도 있다. 습식은 물로 오일을 빼는 방식이다. 필자는 디톡스라는 장비를 쓰는데, 온도가 50~60도 되는 물에 약품을 처리한 뒤 초음파를 발생시키면 깊숙이 찌든 때가 배출되는 것이 육안으로 보인다.

볼링공 '덜덜'거리는 이유와 해결책

핀헌터 광주에서 프로샵을 운영하고 계시는 유재호 프로님 모셨습니다. 요즘에는 볼링 이론도 그렇지만 볼링공에 대한 문의도 많아진 듯합니다.

유재호 예, 그렇죠.

핀헌터 '핀 세이프티 존 pin safety zone'에 대해 간략히 설명 부탁드릴게요.

유재호 초보일 때 지공한 후 공을 굴리면 공이 부드럽게 굴러가지 않고 "덜덜덜" 튀는 소리를 내는 현상을 볼 수 있는데요. 그에 대한 해결책이랄까요. 덜덜거리는 소음을 방지할 수 있는 레이아웃을 일러드릴까 합니다. 크게 중요한 이론은 아니지만, 그렇다고 아주 무시할 수도 없는 개념이라고 보면 될 것 같습니다.

핀헌터 볼링공에는 중약지 구멍과 엄지 구멍이 있는데 핀이 세이프티 존 안에 있으면 트랙 플레어가 이 홀을 침범하지 않는다고 해서 '안전지대(세이프티 존)'라 이해하면 되겠지요.

유재호 예, 맞습니다.

핀헌터 그럼 좀더 구체적인 설명 부탁드립니다.

유재호 핀 세이프티 존을 찾는 방법이 있습니다. 자신의 PAP(공 우측에 있는, 회전하는 꼭지점)를 찾았다고 할 때, PAP에서 약지의 중심에 연결한 선을 기준으로 핀이 아래에 가있으면 트랙플레어가 중지나 엄지홀을 침범할 수 있습니다.

맨 처음 릴리스한 공을 떨어뜨렸을 때 생기는 기름때는 중지 및 엄지와 제일 가까운데요, 첫 번째 기름때가 중지나 엄지홀을 침범하지 않으려면 어떻게 해야 할까요? 물론 기름때가 홀을 침범하는 것이 꼭 나쁘다고 단정할 수는 없습니다. 기름이 홀을 타더라도 레인 컨디션에 따라 좋은 결과로 이어질 수 있기 때문이죠. 볼 모션이 마음에 들 수도 있습니다. 하지만 대개는 좋아하지 않는다.

핀헌터 예, 그렇습니다. "덜덜덜덜" 돌이 굴러가듯 하니까요.

유재호 우스갯소리로 "돌 굴러가유"라고들 합니다. 한 가지 덧붙이자면, 세이프티 존을 벗어나지 않는다고 해서 항상 안전한 것은 아닙니다. 앞서 말했듯이, 초심자나 손을 너무 안 쓰거나 너무 앞으로만 굴리려는 볼러라면 핀이 아무리 세이프티 존에 있어도 기름이 타게 됩니다.

핀헌터 손동작에 따라서도 결과가 달라질 수 있죠. 저는 기름때가 중약지에서 한 2인치 정도 떨어지는데요, PAP도 4와 1/2 정도 되니 핀 세이프티 존의 크기도 많이 넓어집니다.

유재호 그렇죠. 맞습니다.

핀헌터 그래서 저는 어떻게 틀어도 타지 않아요. 그렇지 않은 볼러라면 이
재호 프로님이 앞서 말씀드린 점을 감안해서 소음을 최소화하시
는 게 좋을 것 같네요. 지금까지 이 프로님이 핀 세이프티 존에 대
해 간략히 설명해 주셨습니다. PAP와 약지를 기준으로 핀이 안쪽
에 들어가 있으면 안전한 구역이구나 생각하시면 될 듯합니다.

볼을 손바닥에 붙여보자

볼이 손바닥에 닿는 위치에 따라 턴이 달라질 수 있다. 엄지, 검지, 중지, 약지, 새끼손가락 중 공의 무게는 어디에 얹는 것이 가장 좋을까? 손바닥이 가장 좋다. 손에서 가장 힘이 강한 부분은 손바닥이기 때문이다. 손바닥에서 멀어질수록 힘은 약해질 수밖에 없다.

중약지로 공을 억지로 들려고 하면 관절에 통증을 유발할 수 있다. 물론 다 아프다는 건 아니다. 내가 원하는 힘과 들려는 힘이 서로 어긋나거나, 순간적으로 너무 강하게 들려고 하면 손가락에 무리가 오게 된다. 손가락 리프팅이 당연하게 들릴지는 모르나 이를 너무 많이 사용하는 것은 좋지 않다.

그렇다면 어떤 느낌으로 볼을 리프팅해야 할까? 손바닥으로 공을 들어 올린다고 생각하라. 바꾸어 말하면, 손바닥에 볼이 붙어있다는 느낌으로 리프팅하라는 것이다. 엄지를 넣지 않고 투구하면 공이 손바닥에 붙어있으니 이를 잘 느낄 수 있다. 이때 손바닥에 볼이 닿는 느낌을 유지하는 것이 중요하다.

1. 중약지를 넣고

2. 손바닥으로 볼을 든다

덤리스 방식도 그런데 이보다 더 잘 느끼고 싶다면 홀에 아무 손가락도 넣지 말고 던져보라.

'볼링공의 무게가 손바닥에 이렇게 전달되는구나. 스윙할 때 이 느낌을 그대로 유지해야겠다.' 라는 마음으로 투구하면 훨씬 더 좋은 회전을 만들어낼 수 있을 뿐 아니라 볼의 무게도 잘 이용할 수 있을 것이다.

이렇게 볼을 던지면 손바닥에 느낌이 제대로 전달된다. 하지만 중약지를 끼고 있기 때문에 이를 잘 느끼지 못하는 것이다.

볼링 고수는 손바닥에 볼이 붙어 다닌다는 말을 많이 한다. 볼링을 잘하는 사람은 손바닥에 볼이 붙어있는 느낌을 유지하고 있기 때문이다. 무게가 손바닥 오른쪽에 쏠릴수록 턴은 강해지지만, 왼쪽으로 쓸리면 턴은 약해질 것이다. 즉, 검지 방향에 볼의 무게가 실릴수록 턴의 속도가 빨라진다는 이야기다. 반면 무게가 새끼손가락으로 가면 턴은 약해진다.

요컨대, 공의 턴과 각도는 손바닥의 무게중심에 따라 달라질 수 있다. 손바닥에 볼을 붙이고 투구해 보면 손바닥에 닿는 느낌을 이해하게 되어 볼링 실력도 늘 것이다.

8자 스윙

8자 스윙, 왜 하는 걸까? 여러분이 자연스럽게 스윙을 한다고 해도 1자로 스윙하는 사람은 거의 없다. 대개가 8자 스윙을 한다. 8자가 얇을 뿐이다. 즉, 너무 작다보니 티가 나지 않는 것이다.

필자처럼 살이 많이 쪘거나 활배근이 발달해 스윙 및 퍼스널 넘버가 많이 벌어지는 사람이 8자 스윙을 구사한다. 퍼스널 넘버가 벌어지면 힘을 잘 전달할 수 없고 스윙을 당겨 제구력이 떨어지게 되는데 8자 스윙이 이를 보완할 수 있다.

뚱뚱한 사람은 스윙할 때 팔이 벌어지는데, 이때 바깥으로 나간 팔은 안으로 들어오게 되어있다. 반대로 안에 있으면 밖으로 나가려 할 것이다. 스윙을 8자로 변형하면 밖으로 나간 팔을 돌려 안쪽에서도 바깥으로 내보낼 수 있다. 옆구리가 비대하거나 퍼스널 넘버가 큰 사람은 8자 스윙을 좀더 키우면 두 마리 토끼를 잡을 수 있을 것이다.

백스윙시 밖으로 나간 팔을 살짝 돌려 안으로 들어올 때 8자의 크기는 초보일 경우, 농구공이나 축구공만하게 연습하면 된다. 간격이 줄어들수록 힘 전달력도 좋아지고 스윙도 어색하지 않게 된다. 그러니 테니스공만

큼까지 줄이는 편이 낫겠지만, 8자 간격을 조절할 수 있다는 것은 피지컬이 좋다는 방증이다.

푸시 방향에 따라 8자의 크기가 결정된다. 푸시할 때 팔을 안으로 두면 백스윙 때는 밖으로 나갈 것이다. 안으로 들어온 손은 오른쪽 허벅지가 막고 있어 1자로는 나갈 수가 없기 때문이다.

8자를 크게 하고 싶다면 공을 배꼽이나 왼손 쪽으로, 즉 공은 가만히 두고 몸을 바깥쪽으로 틀면 된다. 백스윙 때는 뒤에서 팔을 반 바퀴 돌린다고 생각하면 8자가 쉽게 만들어진다. 밖으로 나간 팔을 살짝 돌려주면 바깥이 아니라 안쪽 에너지로 전환되기 때문에 몸에 붙여 다시 바깥쪽으로 내보낼 수 있는 것이다. 그러면 레인이 말랐더라도 공을 밀어내는 힘이 강해진다.

팔은 항상 겨드랑이에 붙어 있어야 한다. 스윙할 때도 8자를 강하게 만들 수 있다. 재차 말하지만, 팔을 돌린다고 생각하면 된다. 팔을 돌리면 체공시간도 늘어난다. 백스윙 때 공을 힘으로 잡고 있을 수는 없다. 백스윙에서 공을 잡고 그냥 내릴 때보다는 살짝 돌리면서 내릴 때의 체공시간이 조금이나마 더 길 것이다.

기본스윙에서도 살짝 8자를 만들어주면 체공시간을 좀더 벌 수 있다. 8자 스윙을 억지로 구사할 필요는 없다. 8자보다는 1자가 더 편하고 제구력도 좋을 테니까. 8자는 상황에 따라 결정되는 것이다. 즉, 8자 스윙이 가능하면 공을 더 밀어낼 수 있으니 피지컬을 늘릴 수 있다는 이야기다. '이런 기술도 있구나'라는 생각으로 습득하자.

8자 스윙은 잘 구사하면 어덕션이 좋아진다는 장점도 있다. 밖에 있는 팔이 안으로 들어오니 안에서 밖으로의 로테이션이 좋아지므로 볼링공의 앵글도 훨씬 커진다.

8자의 크기는 억지로 만들려고 하면 안 된다. 안에서 푸시하는 방향으로 8자의 크기를 결정해야 제구력을 떨어뜨리지 않을 것이다.

8자 스윙을 연습할 때 어깨를 옆으로 움직이려고 하면 잘 안 된다. 백 스윙시 팔을 옆으로 이동하려 하지 말고 어깨를 으쓱하며 돌린다고 생각해야 스윙이 부드러워진다.

스윙은 볼링공에 맞추는 것이 가장 좋다. 하나의 스윙을 정확히 습득하고 나서 볼링공을 조금 밀리게 혹은 조금 돌게 구사할 수도 있지만 레인은 변화무쌍하다. 그러니 8자 스윙뿐 아니라 몸의 방향이나 스윙의 길이 등을 조절할 수 있다면 볼링이 훨씬 더 즐거워질 것이다.

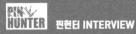

윤희여 프로 특강 I

핀헌터 오늘은 윤희여 프로님을 모셨습니다.

윤희여 안녕하세요. 윤희여 프로입니다.

핀헌터 윤희여 프로님, 볼링을 너무 잘하시는데요, 자신만의 요령이나 노하우가 있나요?

윤희여 연습을 잘하는 요령보다는, 어드레스가 가장 중요하다고 생각해서 어드레스에 신경을 많이 쓰는 편입니다. 그래서 어드레스를 어떻게 하고 있는지 알려드릴까 합니다.

핀헌터 어드레스라면 공을 잡고 출발하기 전에 살펴야 할 준비동작을 가리키는데, 간단하진 않습니다. 볼을 잡고 바로 굴리는 것이 아니니까요. 그럼 윤희여 프로님과 함께 어드레스 자세를 알아보겠습니다.

윤희여 처음에는 서는 위치가 중요합니다. 물론 자신의 퍼스널 넘버를 알고 있는 것도 마찬가지입니다. 예컨대, 저는 볼을 2번 스폿에 놓을 때 17쪽에 섭니다. 어디에 서있더라도 자신의 발 모양은 항상 일정해야 합니다. 볼을 잡았을 때 손의 위치와 그립의 모양도 일정해야 하고요, 스폿과 어깨와 공이 일직선상에 있는지도 살펴봐야 합니다. 아울러 어드레스에서 투구를 준비할 때는 볼의 궤적을 마음속으로 그려보는 것도 중요하다고 봅니다.

어드레스에서 1, 2스텝만 신경 써서 진행한다면 다른 부분은 연습을 통해서 자연스럽게 익힐 수 있으니까요, 어드레스만 잘 이루어진다면 실력 향상에 도움이 될 거라 생각합니다.

핀헌터 자세를 좀더 구체적으로 보여주시겠어요?

윤희여 저는 어드레스할 때 왼발을 살짝 앞에 두는 편이고요, 지금 레인은 정비가 된 후라 살짝 밀릴 수 있는데요, 레인이 밀릴 때는 발이 정면을 향해 서고 레인이 좀 돈다 싶으면 발을 살짝 비스듬히 틉니다. 이건 어깨를 열거나 닫아주는 역할을 합니다. 끝으로 어깨와 제 라인을 맞춰주고 나면 가볍게 스윙합니다.

핀헌터 스위치 그립을 쓰시는 이유가 있나요?

윤희여 어느 공이든 엄지 타이밍을 일정하게 하기 위해서인데요, 사실 볼의 강도에 따라 뚫리는 크기가 달라질 수 있습니다. 똑같은 드릴로 정확하게 뚫더라도 크기가 일정하지 않기 때문에 스위치를 쓰고 있습니다.

핀헌터 리프팅에 대해서는 어떻게 생각하시나요?

윤희여 리프팅을 강하게 해야 롤이 많이 생길 거라고 오해하시는 분이 상당히 많다라고요. 저는 제 악력의 40퍼센트만 중약지 그립을 하고, 엄지는 살짝 눌러서 잡아줍니다. 그리고 40퍼센트의 힘을 끝까지 유지하는 게 중요합니다.

처음부터 중약지를 과도하게 잡으면 백스윙에서 힘이 풀려버리기 때문에 힘을 끝까지 전달할 수가 없어요. 그래서 저는 40퍼센트의 힘으로 볼을 잡고 백스윙에서 내려올 때 엄지가 빠지는 리프팅 순간에만 살짝 힘을 더 줄 뿐, 중약지에 크게 신경을 쓰진 않습니다. 중약지를 꼭 잡으려 하지 않고 가볍게 잡아도 회전량은 증가합니다.

핀헌터 나는 잘 던졌다고 생각했는데 계속 10번이 남으면 신경이 쓰일 텐데요, 그럴 때 윤희여 프로님은 어떻게 하시나요?

윤희여 초구에 10핀이 남으면 기존에 섰던 자리에서 반 보드 뒤로 갑니다. 볼이 떨어지는 위치를 좀더 당기기 위해서인데요, 회전하는 시간이 조금 늘어 10핀이 잡히더라고요. 그런데 이것도 안 된다 싶으면 스탠스를 조금 올립니다. 각을 좀더 좁혀서 헤드핀을 강하게 때리면 어느 정도 해결은 되고요, 이것도 아니다 싶으면 볼을 교체합니다.

핀헌터 오늘 윤희여 프로님이 어드레스와 10번 핀 처리 요령을 알려주셨습니다. 좋은 정보 감사드립니다.

윤희여 감사합니다.

굳은살은 당신의 자세를 알고 있다

굳은살의 위치를 보면 잘못된 습관을 알 수 있다. 굳은살은 왜 배길까? 볼링을 하다 손이 까지는 건 어쩌면 당연한 일일 수도 있다. 하지만 같은 부위가 계속 다치면 문제가 있는 것이다. 그럴 때는 손을 자세히 확인해보라.

굳은살이 제일 많이 생기는 부분은 단연 엄지손가락이다. 엄지에 굳은살이 배기는 이유는 위치에 따라 각각 다르다.

우선 엄지 양쪽 면에 굳은살이 배겼다면 홀 크기가 작은 탓이다. 양쪽에 굳은살이 동시에 생기면 프로샵에 가서 엄지 홀 크기를 좀더 키워야 한다.

둘째, 엄지 등 쪽에 굳은살이 생겼다면 엄지 홀이 큰 것이다. 이때는 굳은살 외에 피멍도 같이 보인다. 엄지 지문 위쪽과 등 쪽에 굳은살이 생기면 엄지 홀 크기가 많이 크다고 봄직하다.

엄지 안쪽 측면에만 생긴다면? 얼리턴 때문일 공산이 크다. 엄지가 1자 방향으로 나오지 않고 얼리턴이 되어 끌고 나오면 엄지 안쪽에 마찰이 생

165

긴다. 엄지로 투구하면 안쪽에 굳은살이 많이 배긴다. 통증도 크다.

엄지와 손바닥 경계에도 굳은살이 많이 배긴다. 엄지가 볼을 잡아주는 부위기 때문에 굳은살이 배길 수밖에 없지만 스판이 길면 여기가 찢어진다. 손가락이 너무 잘 찢어진다면 일단 스판을 확인해 보고 아무런 하자가 없다면 엄지 홀을 체크해야 한다. 엄지 홀이 날카롭게 서있으면 손가락이 찢어질 수 있다.

검지와 손바닥 경계에 굳은살이 생기는 이유는 공의 무게가 한쪽으로 치우쳐진 상태에서 순간적으로 턴을 빠르게 했기 때문이다.

검지에도 굳은살이 배길 수 있는데, 턴이 강하거나 턴이 빠른 사람에게서 종종 보인다. 물론 나쁜 굳은살은 아니다.

중약지는 굳은살이 동시에 배기는 것이 좋다. 한쪽 손가락에만 굳은살이 올라왔다면 중약지의 스판 길이를 확인해야 한다. 중약지 중 한쪽 손가락에만 걸리는 경우인 까닭이다.

손은 붓기 시작하면 염증이 동반된다. 염증이 나면 볼링은 삼가야 한다. 손이 붓고 문제가 생긴다면 가까운 프로샵에 가서 볼과 손을 보여주고 상담을 받는 것이 가장 바람직하다. 손은 문제점을 알려주는 지표와도 같다.

윤희여 프로 특강 2

핀헌터 저는 크랭커 스타일이라, 제가 알려드리는 방식을 구사하려면 잘 안 될 때가 더러 있는데요, 스트로커 중에서는 탑볼러이신 윤희여 프로님께서 여러 가지 노하우를 알려드릴 겁니다.

윤희여 대다수 볼러들이 묻는 공통적인 물음 하나를 꼽아서 자세히 일러 드릴 텐데요, 이번에는 볼의 스피드를 빠르게 내는 요령을 살펴보 겠습니다. 주제는 스피드를 조절하는 방법입니다.

저는 키가 작고 다리가 짧은 데 비해 어프로치 뒤편에서 출발하는 편입니다. 그러다 보니 슬라이딩하는 거리가 굉장히 깁니다. 슬라이 딩 거리가 길어지면 스윙도 길어지게 마련입니다. 슬라이딩과 스윙이 이루어지는 구간이 길다는 점이 스피드를 결정하는 중요한 요인이 아닐까 싶습니다.

제가 상주하는 볼링장 어프로치가 상당히 긴 편이라 타 볼링장 보 다는 앞에서 출발하긴 합니다. 슬라이딩이 길수록 스윙도 길어지기 때문에 스피드도 자연스레 올라가는 듯합니다.

슬라이딩을 길게 하려면 중심이동이 굉장히 중요합니다. 매 스텝마다 중심이동을 확실히 해주어야 합니다. 그러면 마지막 릴리스시 킥을 강하게 할 수 있겠지요? 킥을 강하게 구사하려면 중심을 확실히 이동시켜 주어야 합니다.

저는 평소에 사이드를 많이 쓰는 스타일인데요, 사이드에는 오일이 별로 없잖아요. 그래서 헤드를 신속히 통과시키는 것이 중요하기 때문에 스피드를 올릴 수밖에 없습니다. 반면, 사이드가 너무 예민해서 어렵다 싶으면 센터로 내려와야 하는데 센터는 오일이 많은 구간이므로 스피드를 올린다고 해서 좋은 건 아니겠죠. 오일이 많을 때는 어프로치 앞쪽으로 많이 이동해서 스텝을 전체적으로 짧게 줄입니다. 스텝이 짧아지면 템포가 느려지는데요, 이처럼 템포를 이용해서 스피드를 조절하고 있습니다.

스텝이 짧아지면 리듬이 느려지고, 스텝이 길어지면 리듬이 빨라지는 원리로 스피드를 조절할 수 있습니다. 또한 슬라이딩 후 도착지점이 항상 일정해야 한다는 것도 중요합니다. 지점이 일정해야 자신의 실수 여부를 파악할 수 있고, 정확한 투구도 가능하기 때문입니다. 도착지점이 일정할 수 있도록 연습해 두시기 바랍니다.

핀헌터 오늘 윤희여 프로님과 제구에 대해 알아봤습니다. 말로 설명하는 데는 한계가 있게 마련입니다. 프로님께 직접 배우면 실력이 정말 많이 늘 것 같습니다. 레슨 계획이 있다면 시합이 끝나고 난 후에 상담을 받아보세요.

윤희여 예, 그렇습니다.

핀헌터 많은 팁을 일러주셔서 감사합니다.

윤희여 중급 이상 볼러를 대상으로 말씀드렸지만 초보 볼러들도 많은 도
움이 되었으면 좋겠습니다.

핀헌터 엄청 도움이 많이 될 것 같아요! 감사합니다.

윤희여 감사합니다.

레인상태에 따른 볼 스피드 조절

볼링공의 속도로 훅을 조절할 수 있다. 오일이 정말 많은 레인 패턴에서 공이 돌지 않는다는 건 경험한 사람은 다 아는 사실이다. 이때 스피드를 높이면 훅을 만들어내기가 어렵다. 오일이 많은 패턴에서는 스피드를 줄여서 투구해야 한다.

스피드를 빼면 손이 돌아가거나 제구력이 떨어지는 경우가 있는데 이는 연습 부족으로 봄직하다. 따라서 평소에 스피드를 조절하는 연습을 해 두면 오일이 많거나 적은 레인 패턴에 적응할 수 있을 것이다.

필자의 경우, 10쪽을 기준으로 스피드를 낮추었을 때는 헤드 핀을 맞추지 못했고, 스피드를 높였을 때는 1번 핀을 넘어 브루클린 존(1, 2번 핀 쪽)으로 넘어간 것을 확인했다. 스피드에 따라 볼의 앵글이 확연히 달라졌다.

스피드 완급은 스텝의 스피드와 스윙의 속도로 조절할 수 있다. 스윙 스피드는 조금 빠르게, 기본, 느리게 구사할 수 있다면 레인에 적응할 수 있을 것이다.

레인에 따른 스팟 설정 요령

이번에는 라인을 파악하고 각종 레인 패턴에 대처하는 요령을 살펴볼 차례다. 혼자 연습하기 까다로운 편이니 주의 깊게 연구하기 바란다.

레인은 39쪽이다. 39쪽을 얼마나 많이, 크게 쓰느냐가 실력을 가늠하는 척도가 될 수 있다. 프로를 비롯하여 일반 동호인이 가장 즐겨 쓰는 스팟은 2~3번이다. 즉, 8~15쪽을 제일 많이 건드린다는 이야기다. 하지만 이 구역은 모두가 사용하기 때문에 오일이 가장 빨리 마르고 레인이 가장 빨리 무너지기 일쑤다. 때문에 다른 스팟으로 과감히 이동해서 투구할 수 있는 볼러가 후반전에 강한 면모를 보일 것이다. 레인은 폭넓게 쓰는 것이 무엇보다 중요하다.

스팟은 일곱 개다. 다섯 쪽마다 하나씩, 일곱 개가 있다. 1번부터 7번 스팟까지 있으므로, 일곱 스팟 전부를 연습하는 것이 바람직하다.

물론 일반 동호인이 6, 7번 스팟을 쓰기란 쉽지가 않다. 센터 20쪽을 기준으로 30~35쪽 스팟을 놓기란 매우 어려우나, 꾸준히 연습하면 라인을 찾는 요령을 체득할 수 있을 것이다.

가령 1번 스폿에 오일이 없다 치자. 오일이 없는 구역에서도 라인을 찾을 수 있다면 실력은 단연 늘 것이다. 오일량에 관계없이 레인에 적응할 수 있을 테니 말이다. 1번에서 7번 스폿까지 포켓팅을 연습해보라.

1번 스폿에 초구를 굴리면 1, 2번 핀으로 공이 넘어갈 공산이 크다. 그래도 스폿은 고정한 채 1, 3번 포켓팅을 연습해야 한다. 어떻게 투구해야 공이 1, 3번으로 정확히 들어갈 수 있을까? 스피드를 늘리거나 턴을 덜하거나 몸의 각도를 바꾸는 등, 방법은 여러 가지가 있을 것이다. 독자 여러분이 알고 있는 지식을 총동원해서 문제를 해결하라.

1번 스폿의 목표 점수를 정해보는 건 어떨까? 예컨대, 목표가 200이라면 200이 나오기 전까지는 스폿을 내려선 안 된다. 어떻게든 답을 찾기 위해 노력해보라. '아, 레인이 돌 때는 이렇게 해야 하는구나.' 감이 올 것이다.

필자라면 스피드를 늘리고 커핑의 강도는 많이 풀 것이다. 리프팅도 살짝 낮추고, 스윙의 수평과 수직(볼의 훅을 결정한다)운동에서 수평에 좀더 무게를 두고 투구할 것이다.

요컨대, 스폿은 고정해두고 자신의 기술을 최대한 활용하여 답을 찾아보라.

5, 6, 7번 스폿은 어떻게 공략해야 할까? 4번 스폿까지는 많이들 쓰지만 5번 이상으로 내려갈수록 앵글을 만들기가 힘들어진다. 그럴 때는 생각이 많아질 것이다. 스피드도 낮춰야 하고 공도 높히는 등, 기술을 달리구사해야 하기 때문이다. 연습을 하다보면 개인의 피지컬과 기술이 향상되는 것을 느끼게 되리라 자부한다.

레인 전체를 자유자재로 쓸 수 있도록 연습해 두어야 레인 변화에 신속히 대처할 수 있다. 레인은 39쪽이다! 모든 레인을 적절히 구사할 수 있다면 어떤 볼링센터든, 레인이 마르든 오일이 많든 적든 관계없이 고득점을 기대할 수 있을 것이다. 선수들도 이렇게 연습한다. 선호하는 스폿만 고집하지 말고 여러 스폿을 공략해보라!

투핸드 볼링

핀헌터 오늘은 여러분이 고대하던 투핸드 볼링을 특집으로 준비했습니다. 팀 브런스윅의 이재덕 프로님을 아주 어렵게 모셨는데요, 이재덕 프 로님, 안녕하세요.

이재덕 안녕하세요. KPBA 18기 투핸드 이재덕 프로입니다. 반갑습니다.

핀헌터 저희 볼링장도 그렇고 어딜 가든지 투핸드 볼러가 엄청 많아진 것 같습니다. 투핸드 볼링의 매력은 무엇일까요?

이재덕 빠른 시간에 회전을 만들 수 있습니다. 투핸드는 엄지를 넣지 않기 때문에 자연스레 회전을 유도하여 큰 앵글을 구사할 수 있다는 것 이 매력인 것 같습니다.

핀헌터 투핸드를 처음 접하는 분들이 상당히 많은데요, 그분들에게 해주 고 싶은 말이 있다면요?

이재덕 우선 초보자들은 스윙이 몸에 잘 붙지 않습니다. 다들 손이 미리 돌아가는 것이 문제이기 때문에 스윙이 몸에 붙는 것부터 연습해야 합니다. 또한 투핸드 볼링은 볼의 스피드를 늘리는 것이 굉장히 어렵습니다.

핀헌터 볼의 스피드를 늘릴 수 있는 노하우가 있나요?

이재덕 일단 스텝의 스피드와 아울러 초보 볼러라면 무조건 '힘'이 뒷받침 되어야 합니다. 힘으로 하다 보면 볼의 스피드가 올라가게 되어있습니다. "힘을 빼라"는 말을 많이들 하지만 솔직히 어렵습니다. 저는 투핸드 볼링을 배우러 오시는 분에게는 '무조건 세게 던지고 바닥에 세게 내려쳐라'고 주문합니다. 어느 순간에는 볼의 스피드가 올라가 있을 테니까요.

핀헌터 볼 스피드가 너무 늦어버리면 레인의 영향을 엄청 많이 받죠. 투핸드를 하면서 가장 어려웠던 점이 있다면요?

이재덕 단연 스텝입니다. 지금도 숙제라고 생각하고요.

핀헌터 스텝이요?

이재덕 예, 스윙의 리듬도 어려운 편이죠. 일반 스텝과 엇박자 스텝이 있는데, 엇박자 스텝이 리듬이 있어 비교적 편합니다. 그래서 초보 볼러에서 프로에 이르기까지 두루 섭렵하지만 일반 스텝은 안정감은 있지만 아직 잘 구사하는 편은 아닙니다. 저라면 자신에게 가장 맞는 스타일을 찾으라고 권할 겁니다.

핀헌터 독자 여러분께 일러주고 싶은 팁이나 노하우가 있다면 말씀해 주세요.

이재덕 벨몬트와 이야기하다 들은 내용인데, 볼을 들 때 무게중심을 왼손으로 옮길 줄 알아야 한다고 하더군요. 대다수가 오른손으로 커핑하기 때문에 왼손은 엄지 역할에 그친다고들 생각할 겁니다.

핀헌터 아, 저도 그렇게 알고 있었어요.

이재덕 하지만 그립할 때부터 무게중심을 왼손으로 옮길 줄 알아야 합니다. 투핸드 볼러들은 대개 볼을 한 손으로 들고 왼손은 살짝 올려두기만 하죠. 그러면 백스윙이 올라가 정점에 이르면 왼손으로 무게가 갑자기 쏠리고 맙니다.

무게중심은 그립할 때부터 왼손에 살짝 올려두어야 합니다. 20~30퍼센트 정도 무게를 느낄 수 있도록 말이죠. 그러면 백스윙이 올라가더라도 왼손이 볼을 자연스럽게 파지할 수 있고 스윙도 더 부드러워집니다. 벨몬트의 팁 말고도 연구해야 할 문제가 정말 많습니다.

초보 볼러들은 백스윙할 때 대부분 몸과 팔이 돌아가 버립니다만, 실은 돌아가는 게 아니라 일직선으로 빼주어야 합니다. 물론 쉽지 않은 동작입니다. 볼을 돌리기 바쁘다 보니 손이 돌아가는 실수도 잦은 것인데, 이것은 스스로 느끼고 터득해야 스윙을 붙일 수 있을 겁니다.

힘을 써서 투구하라고는 했지만 몸과 팔이 돌아가서는 안 된다는 것이 중요합니다. 최대한 몸에 붙여서 스윙을 연습해 보세요.

스텝은 둘로 나눕니다. 일반 5스텝이 있는가 하면, 엇박자라기보다는 킥 발이 슬라이딩 발 옆으로 와서 반 박자가 빨라지는 스텝도 있습니다. 이때는 킥이 강해져서 볼을 쉽게 내보낼 수 있죠.

착지가 불안정하기 때문에 다들 엉덩이가 뒤로 빠져 있는데, 그러면 안 되고 무게를 앞으로 실어야 수월하게 투구할 수 있습니다. 스윙 후 무게중심이 뒤로 옮겨지면서 주저앉는 볼러도 더러 있는데, 다리는 확실히 버텨주어야 합니다. 투구한 후 허리는 고정해 두는 것이 아니라, 릴리스를 하면서 상체를 살짝 들어 올려야 볼을 좀더 강하게 보낼 수 있습니다.

투핸드는 리버스를 풀면 좋습니다. 그립시 안쪽으로 들어가 있는 손가락 포워드, 안쪽에서 펴져 있는 손가락이 리버스인데요. 리버스는 손끝으로 장난을 안 하게 되니 자연스레 물 흐르듯 투구할 수 있을 겁니다. 포워드로 투구할 때는 볼의 스피드를 올리기가 어려울 수 있습니다. 그러니 리버스로 풀어치는 것이 좋습니다. 저는 8분의 7을 쓰고, 벨몬트는 1인치를 풀고 있답니다.

핀헌터 지금까지 이재덕 프로님과 함께 투핸드 볼링에 대해 알아봤습니다. 감사합니다.

이재덕 감사합니다.

백스윙 높이는 요령

백스윙 높이는 법, 어렵지 않다. 백스윙은 어떻게 올릴까? 푸시와 다운에서 결정되는 것이 백스윙 높이다. 백스윙 높이를 힘으로 올린다? 그러기 쉽지 않은 데다 일관성도 떨어지기 십상이다. 자신의 힘을 써서 하는 스윙은 두 번 이상 똑같은 동작을 만들어내기가 어렵다.

백스윙을 높이면 힘은 강해진다. 높이가 다른 곳에서 물체를 떨어뜨렸을 때 위치에너지가 다른 것과 같은 이치다. 하지만 백스윙이 높으면 제구력은 떨어지기 쉽다. 백스윙을 너무 높이는 건 바람직하지 않다고 본다. 어쨌든 높은 백스윙에도 제구력을 개선하고 싶다면 근력을 키워야 한다. 즉, 힘이 뒷받침 되어야 한다는 이야기다.

백스윙은 팔만 뒤로 젖혀서는 절대 올라가지 않는다. 상체를 앞으로 숙이면 자연히 백스윙은 올라가게 되어있다. 상체가 앞으로 기울수록 백스윙은 높아진다.

어깨를 옆으로 여는 방법도 있다. 상체를 약간 비틀면 백스윙을 높일 수 있고, 푸시에서 다운으로 이어질 때 위치에너지가 크면 백스윙도 높아진다. 볼을 잡고 있는 위치만큼 백스윙은 올라가게 되어있다. 무리해서 다운하면 백스윙은 높아지지만 제구력은 떨어질 것이다.

백스윙을 높이고 싶다면 자신의 제구력을 확인해야 한다. 백스윙 높이에 따른 제구력을 체크해야 한다는 것이다. 자신에게 맞는 스윙을 구사하는 것이 무엇보다 중요하다.

상체 근력뿐 아니라, 하체 근력도 매우 중요하다. 상체와 하체 근력의 밸런스가 맞지 않아도 제구력은 떨어지기 때문이다.

요컨대, 백스윙은 자신의 제구력과 밸런스를 감안해서 결정해야 한다.

손목 풀어 치기

"언제 풀어 쳐야 하죠?"

자주 듣는 질문이다. 레인이 많이 돌면 공의 각은 커지게 마련인데, 각을 줄여 투구하는 방법이 있다. 볼링공의 각은 손목의 각도에 따라 달라진다. 처음 손목을 뒤로 젖히는 것을 '언커핑, 혹은 브로큰 되었다'고 표현한다.

중약지와 엄지를 수직으로 나란히 만들어 공을 잡되 그립이 달라지면 안 된다. 투구 마지막에 손을 들어 올리면 뒤에서 각이 살아나고 공이 바깥쪽으로 잘 나가지도 않는다. 중약지와 엄지를 평행하게 맞추어 투구하는 요령을 알아보자.

공을 잡았을 때는 손끝에 벽이 닿아있다고 상상하라. 공을 좀더 멀리 보내고 싶다면 언커핑 상태에서 엄지를 새끼손가락과 평행하게 맞추면 된다. 검지에서 중지, 약지로 갈수록 백엔드에서의 진행 각도는 완만해진다.

풀어치는 요령을 습득하면 레인이 많이 돌든, 지저분하든 상관없이 피지컬을 늘릴 수 있다. 손목을 풀어치는 연습도 반복하다 보면 느낌이 올 것이다.

크랭커 커핑

이번에는 일정하게 커핑하는 요령을 알아보자. 커핑은 너무 어렵게 생각해서는 안 된다. 너무 과하거나 너무 힘을 빼서 커핑하지 않도록 기준을 정한다는 마음으로 이야기를 시작할까 한다. 크랭커에서는 커핑을 얼마나 하느냐가 중요하다. 필자는 앞서 중약지가 엄지보다 1밀리미터라도 앞에 있으면 된다고 했다. 볼을 안정적으로 받치고 있는 상태를 '커핑이 되어있다'고 말한다. 하지만 엄지가 중약지보다 조금이라도 앞에 있으면 공은 받칠 수가 없다. 그렇다면 어떻게 해야 커핑이 일정해질까?

스윙은 매번 똑같은 모양으로 해야 일관성을 기대할 수 있다. 훅을 만든답시고 안 하던 턴을 과도하게 하면 일관성이 떨어질 수밖에 없다. 스윙과 마찬가지로 커핑도 일정해야 한다.

커핑의 일관성을 높이려면 처음 볼을 파지했을 때 커핑의 정도가 중요하다. 커핑에는 손을 앞으로 구부려 공을 잡거나, 일자로 잡거나 혹은 손목을 풀어서 잡는 3가지 방법이 있다. 이때 과도한 커핑은 스윙을 망치는 지름길이다. 필자를 비롯하여 대다수의 크랭커 스타일을 구사하는 선수를 보면 거의 둘로 구분된다.

첫째는 손목을 일자로 유지한 채 커핑하여 릴리스까지 자세가 일정한 볼러다. 처음 커핑을 끝까지 유지하면 일관성이 높아진다. 둘째, 커핑시에는 손목을 일자로 했지만 백스윙할 때는 손목을 풀었다가 다운스윙할 때 손목을 다시 끌어올리는 볼러도 있다. 손목을 움직이면 일관성이 떨어질 공산이 크지만, 다운스윙시 커핑의 정도와 텐션이 증가한다는 이점이 있다. 손목을 젖혔다가 다시 복원하려면 근력과 기술뿐 아니라 많은 연습이 필요하다. 반면 애당초 손목을 일자로 하여 릴리스까지 이 자세를 유지하면 좀더 수월하게 커핑의 일관성을 꾀할 수 있을 것이다.

크랭커에 입문하는 볼러를 보면 과도한 커핑이 눈에 자주 띈다. 커핑을 과도하게 하면 푸시에서 다운으로 넘어갈 때 손목이 젖혀지는데, 릴리스 전에 손목을 다시 끌어올리면 괜찮겠지만, 팔이 내려올 때 손목이 풀리기가 쉽다. 힘은 처음에 많이 쓰면 정작 써야 할 타이밍에는 발휘할 수 없게 되어 있다.

백스윙에서 다운스윙으로 넘어갈 때 '중약지를 앞으로 보낸다'는 생각으로 커핑의 정도를 늘린다면 일관성과 텐션을 높일 수 있을 것이다.

레인이 너무 돌면 손목을 풀어 친다. 야구와 마찬가지로, 애당초 손목을 풀면 릴리스 전까지의 손도 모양을 똑같이 유지해야 한다는 것이 무엇보다 중요하다. 언커핑으로 시작했지만 마지막에 커핑이 달라지면 곤란하다. 중간에 손기술이 바뀌는 것을 시쳇말로 '손장난'이라 한다.

손목을 풀어 칠 때는 엄지와 중약지가 수직이 되어야 한다. 이때 엄지를 중지 혹은 약지와 수직을 맞추느냐, 약지와 수직을 맞추느냐에 따라 손목이 풀린 상태에서 각과 턴의 정도를 조절할 수 있는데, 약지쪽으로 내려갈수록 공은 비교적 잘 나가게 된다.

　손목을 풀 때도 일관성이 중요하다. 솔직히 쉬운 이야기는 아니다. 일관성을 위한 연습이 뒷받침되지 않으면 스윙에 대한 자신감도 떨어지게 되어있다. 근육이 기억할 수 있도록 반복적인 훈련이 중요하다. 같은 동작을 반복함으로써 일관성을 끌어올려보자.

▲ 백스윙에서

▲ 그대로 내려온다

파워 스트로커 특강

핀헌터 오늘은 제 후배이기도 한 전 중앙대 선수출신 박금철 프로님과 파워 스트로커에 대해 알아보겠습니다.

박금철 안녕하세요, 중앙대 선수출신 박금철 프로입니다.

핀헌터 박금철 선수는 오픈 스윙이 특징으로 어깨가 벌어지면서 팔이 바깥으로 나가는데요, 이 오픈 스윙은 저나 박금철 선수처럼 상체에 살집이 있거나 근육이 많아 팔이 몸에 붙지 않을 때 구사하는 스윙입니다. 팔이 몸에 붙지 않는 선수가 억지로 붙이려고 하면 일관성이 떨어지게 마련이죠. 백스윙할 때 팔이 몸에서 떨어지는 건 당연하니 '어깨를 벌려서 구사하는 방법도 있구나' 라고 생각하면 됩니다. 박금철 프로님, 일반 볼러에게 당부하고 싶거나 일러두고 싶은 이야기가 있나요?

박금철 사실 어깨가 빠지지 않는 게 가장 좋긴 합니다. 빠지더라도 이를 성급하게 고치려 하지 말고, 어깨가 빠지면 그만큼 들어오는 연습을 하면 됩니다.

핀헌터 어깨를 여는 기술은 '오픈 숄더'나 '피봇'이라고 합니다. 어깨가 회전하는 기술을 두고 하는 말인데요, 백스윙 때 어깨가 열려있는 상태에서 다운 스윙시에 어깨는 고정하고 팔로만 스윙하면 제구력을 높일 수 있습니다. 팔이 떨어질 때는 어깨가 고정되어야 한다는 것이 중요합니다. 어깨와 팔이 같이 움직이는 순간 제구력은 떨어지니까요.

박금철 기본적인 어드레스 자세 중 그립은 검지와 중약지 사이가 손가락 하나 정도 들어갈 만큼 벌려주시고 검지에는 항상 힘을 주어야 합니다. 새끼손가락은 가볍게 붙여만 준다는 느낌으로 파지하면 됩니다. 볼을 몸 안쪽으로 잡고 있다면 편할 수는 있지만 백스윙시 볼이 몸 밖으로 나가버리겠죠. 밖으로 나가면 볼은 다시 안으로 들어올 테니 팔을 돌리는 실수를 저지를 수 있습니다.

반면 볼을 바깥쪽으로 잡고 있다면 백스윙 때는 몸 뒤로 가겠지요? 그럼 볼이 몸에 부딪치거나 공을 돌리게 되니, 볼은 항상 어깨 라인에 일직선으로 맞춰 잡습니다.

이번에는 푸시 동작입니다. 공을 밀어주는 동작에서는 손과 공이 같이 나가면 됩니다. 5스텝은 두 번째 스텝에서 볼이 같이 나가면 되겠죠.

백스윙에 고민이 가장 많으실 텐데요, 어깨가 벌어지면서 올라가면 팔로스루 때 팔을 겨드랑이에 붙이기가 굉장히 어렵습니다. 정확도도 많이 떨어지니, 겨드랑이에 붙이는 연습이 많이 필요합니다. 백스윙 후 내려올 때는 팔꿈치 안쪽이 먼저 (앞을 보면서) 나온다고 생각하면 됩니다. 최대한 몸에 붙인다는 느낌으로 팔꿈치 안쪽이 정면을 바라봐야 하는데 잘 안 된다고 하소연하는 볼러들이 상당히 많습니다. 이때 손이 돌아가기도 하는데요, 겨드랑이에 붙질 않아 옆으로 벌어지는 경우도 더러 있습니다.

핀헌터 박금철 프로님은 퍼스널 넘버가 엄청 좁아요. 여러분, 퍼스널 넘버를 줄여야만 스피드가 나오고 도는 레인도 극복할 수 있습니다. 박금철 프로님, 복숭아뼈 많이 때려봤죠?

박금철 굉장히 많이 때려서 종아리처럼 굵은 적도 있었습니다. 병원 신세도 많이 졌죠. 복숭아뼈 맞는 걸 두려워하면 안 됩니다. 복숭아뼈를 맞아도 덤덤하게 스윙이 붙고 있다는 것을 위안으로 삼아야 합니다.

핀헌터 저도 두 대를 연달아 맞은 적이 있는데요, 처음에 한 대 맞고 두 번째 맞고 나서는 바로 집에 갔습니다. 맞은 데를 또 맞으니 정말 아프더라고요.

박금철 복숭아뼈에 대해 팁을 드리자면, 아까 말했듯이 팔꿈치 안쪽이 먼저 나와야 한다고 했지요. 팔꿈치 안쪽이 정면을 바라보는 상태에서 손이 돌아가면 100퍼센트 맞습니다. 그러니 손이 돌아가지 않도록 유념하시면서 스윙을 곧장 앞으로 뻗어주시면 됩니다.

핀헌터 오늘 좋은 말씀 감사합니다.

박금철 감사합니다.

우레탄 볼은 언제 쓸까?

지금은 밤 11시. 이쯤 볼링장에 가면 레인이 많이 돈다. 오일이 많이 없는 레인에서는 우레탄 볼로 공략하면 좋다. 우레탄 볼은 일반 볼링공과는 많이 다르다. 우레탄 공은 볼링 초창기에 등장했던 볼로 리액티브, 리액티브솔리드 등, 외피의 종류가 다양하다.

우레탄 볼은 마찰이 강하게 일어나지 않고, 역동적인 움직임도 떨어지는 편이다. 따라서 레인이 좀 어렵거나 많이 돌 때, 혹은 레인이 좀 지저분할 때 활용하는 것이 좋다. 일반 볼과 우레탄 볼을 투구해 보며 모션을 관찰해보라.

오일이 없을 때는 내려가면 포켓 라인을 찾을 수 있으나, '내려가면 힘들다'는 볼러는 공을 교체하면 된다. 똑같은 자리를 우레탄 볼로 투구하면 포켓팅이 어려워질 수 있다. 우레탄은 백엔드 마찰이 강하게 일어나지 않기 때문에 얇게 입사될 공산이 크기 때문이다.

우레탄 볼을 너무 내려와서 굴리는 것보다는 올라가서 라인을 잡는 편이 낫다. 아래로 내려와서 오일이 있는 자리를 찾으려면 우레탄 볼보다는 일반 소프트 볼을 선택하는 것이 좋다. 내려오면 내려올수록 퍼포먼스가 강한 공을 선택해야 포켓팅도 잘 되고 강한 핀액션도 기대할 수 있을 것이다.

레인이 돈다고 해서 무작정 내려가는 것보다는 가끔은 약한 볼로 올라가서 투구하는 것도 좋은 요령이 될 수 있다.

덤리스 투핑거의 기초와 노하우

핀헌터 오늘은 브런스윅 소속 권지훈 프로님을 모셨습니다. 덤리스의 최강자입니다. 권지훈 프로님 안녕하세요.

권지훈 안녕하세요. 브런스윅 20기 권지훈 프로입니다.

핀헌터 권지훈 프로님, 덤리스를 하게 된 계기가 있나요?

권지훈 예, 저는 대학 볼링 동아리에 들어가서 처음 볼링을 배웠습니다. 볼링 코치님께 "엄지를 빼고 치면 어떠냐?"고 여쭈어 봤는데 그때 코치님이 간단하게 말씀하시더라고요. "많이 돌겠지." 엄지를 빼면 많이 돈다는 한 마디에 덤리스를 구사하기 시작했습니다.

핀헌터 덤리스의 장점은 뭔가요?

권지훈 클래식보다 회전력이 강하다는 거죠. 엄지를 끼고 하시는 분보다 회전력은 더 강해요. 물론 정확성이 떨어지기도 하고 부상의 위험도 있지만, 그런 단점을 모두 무시할 수 있을 만큼 회전을 많이 줄 수 있습니다. 저는 그 매력에 빠졌죠.

핀헌터 덤리스는 따라 하시는 분이 많은데 스피드를 내는 게 중요한 거 같아요. 일반 볼러들에게 스피드를 내는 법을 알려주세요.

권지훈 스피드를 내는 방법으로는 세 가지 정도로 알고 있습니다. 백스윙을 높이거나 스텝을 빨리 하거나 중심이동을 하는 건데요. 덤리스는 특성상 백스윙을 높이면 자세가 불안해져서 백스윙은 포기했고요, 중심이동을 하면 어깨를 쓰게 되니 정확성이 좀 떨어집니다. 그래서 처는 스텝 스피드에 주안점을 두었어요.

스텝 스피드를 늘리니까 볼 스피드도 올라가는 것 같습니다. 지금은 5스텝으로 하고 있는데요, 5스텝은 왼발로 시작해서 왼발로 끝나는 스텝입니다. 첫스텝은 거의 제자리걸음이고 두 번째부터는 더 크게 가면서 스피드를 살리려고 노력하고 있습니다. 4스텝에서는 짧은 걸음 후 마지막 스텝은 길게 갑니다.

핀헌터 덤리스를 구사하면 손목을 많이 이용해서 부상의 위험이 있는 걸로 알고 있는데요.

권지훈 예.

핀헌터 권지훈 프로님은 부상을 입어본 적은 없나요?

권지훈 저도 부상은 많이 입어 봤죠. 공도 무거운데 팔이 많이 벌어지다 보니 손목에 무리가 가서 인대를 많이 다쳤고요. 팔꿈치가 안 벌어지게 해서 치려고 노력하고 나니 부상 빈도가 많이 줄었습니다.

핀헌터 공의 중심을 잡는 노하우가 있나요?

권지훈 손목에 공을 얹는 부분이 있어요. 엄지로 지지하지 않고 손목에 공을 얹으면서 중약지와 같이 무게중심을 잡습니다. 예전에는 자세가 흔들려 난사가 나왔었는데 지금은 손목에 지탱을 하고 손이 항상 공보다 뒤에서 나가려 하다 보니 중심이 흐트러지는 것을 방지할 수 있게 되어 정확성도 높아졌죠.

저도 처음에는 손을 많이 돌려 팔꿈치가 많이 벌어졌었어요. 이러면 힘의 손실이 너무 많아요. 초반에 밀어내는 힘 없이 중약지만으로 볼을 콘트롤해야 하기 때문에 중약지에 무리가 많이 가고요. 손가락에 부상을 많이 입습니다. 그래서 팔꿈치를 옆구리에 붙이는 연습으로 부상도 많이 줄이고 얼리턴이나 팔꿈치가 벌어지는 점도 교정이 되었어요.

지금도 팔꿈치가 벌어지거나 랜스가 잘 안 나온다 싶을 때는 팔꿈치로 옆구리를 살짝 친다는 느낌으로 최대한 팔을 붙입니다. 팔꿈치가 벌어지지 않게 하는 연습이죠.

핀헌터 덤리스 유저의 문제점이 있다면요?

권지훈 레슨을 받지 않는 분들은 손목이 돌아가 있거나 팔꿈치가 돌아간 상태에서 공을 억지로 돌리려고만 하더라고요. 사실 볼링공 안에 코어가 있고 레이아웃이 들어가는 중요한 이유가 누워있던 코어를 일으켜서 핀액션을 일으키기 위해서인데요, 덤리스 유저들은 대개 팔꿈치가 먼저 돌아가더군요. 즉, 코어액션을 무시하고 공을 억지로 1-3에 넣으려고만 하시더라고요.

공을 어느 정도 사이드 쪽으로 내보내면서 코어 반응을 최대한 이용하는 것이 중요합니다. 그리고 중약지만 쓰다 보면 정확성이 떨어지기 때문에 최대한 몸의 각을 만들어서 내가 보내고자 하는 방향으로 죽 1자로 스윙을 뻗어주시는 게 중요합니다.

핀헌터 볼은 어떤 걸 권하시는지요?

권지훈 최신 볼이나 많이 도는 볼 보다는 어퍼미드나 미드 혹은 엔트리급 볼도 퍼포먼스가 크게 뒤지진 않아요. 그러니 약한 볼이든, 강한 볼이든 레인 상황에 따라 선택의 폭을 넓히는 게 좋습니다.

핀헌터 시선처리는 어떻게 해야 할까요?

권지훈 시선은 대개 스폿을 보고 하시는데요, 볼이 스폿만 지나가면 된다고들 생각하시죠. 저는 몸의 각을 잡기 위해 멀리까지 보면서 거기서부터 시선을 당겨 스폿을 볼 때가 있고, 스폿을 지나 브레이크 포인트를 볼 때도 있습니다. 그런 시선처리로 정확성을 키워나가는 것도 중요하다고 봅니다.

핀헌터 제가 권지훈 프로님에게 덤리스를 배워볼 건데요. 저는 크랭커만 지금까지 해왔기 때문에 덤리스도 한번 해보고 싶긴 한데 안 잘 되더라고요. 스피드도 안 나고 손도 돌아가고, 중심도 잘 안 잡히기 때문에 오늘 권지훈 프로님께 한 수 배우겠습니다.

권지훈 (핀헌터의 초구 샷을 보고) 스텝에서 스피드를 좀더 내줘야 랭스가 나와 충분한 핀액션이 나올 수 있을 것 같습니다.

핀헌터 엄지를 끼지 않고 치다 보니까 스피드 나오기가 엄청 힘드네요. 스텝을 조금만 더 빨리 해보겠습니다.

권지훈 나이스 샷!

캐리다운

레인을 읽으려면 캐리다운 현상을 알아야 한다. 레인에 오일을 도포하고 나면 오일은 잘 증발하지 않는다. 때문에 앞에 있는 오일은 볼을 타고 뒤로 이동하게 된다. 예컨대, 젖은 땅과 마른 땅이 있다고 치자. 타이어의 스키드마크가 마른땅에 찍히는 모습을 떠올리면 이해가 쉬울 것이다.

오일이 뒤로 이동하면 마찰이 확 줄어든다. 레인을 정비하고 나면 캐리다운 현상을 먼저 감지하게 된다. 캐리다운 현상이 벌어지면 48피트에서 훅이 발생했던 공이 49, 혹은 50피트에서 마찰이 나오기 때문에 볼은 밀리고 만다. 이때는 스탠스를 올려야 한다. 살짝 올라가서 투구하면 해결될 것이다. 물론 캐리다운을 피해서 투구하는 것도 방법이다.

캐리다운은 정비하고 나서 1~2게임 후에 자주 나타나는 현상이다. 캐리다운 현상이 일어나면우선 레인이 변했다는 사실을 직감해야 한다. '내가 잘못 투구했다'고 생각하면 레인을 읽을 수가 없다.

공의 움직임을 잘 관찰하면 캐리다운인지 실투인지 구별할 수 있다. 앞서 말했듯이, 볼링을 잘하려면 다음 투구를 준비해야 한다. 자신을 원망하면 다음 투구는 준비할 수가 없다.

캐리다운 현상이 왔다면 스탠스를 올리거나, 캐리다운을 피해서 투구하겠다는 계획을 세워야 한다.

백엔드는 기름을 도포하지 않는 구간인데 캐리다운 현상이 발생하면 여기에 기름띠가 보일 것이다. 앞에 있던 오일이 볼을 타고 전달된 것이다. 캐리다운은 볼러라면 누구나 체감하는 현상이다. 캐리다운에 대처하는 요령을 터득한다면 레인 변화에 적응하는 데 큰 도움이 될 것이다.

"내게 잘 맞고
스윙하는 데 문제가 없다면
고칠 필요는 없다"

핀헌터 먼 대전에서 이곳까지 와주셔서 감사합니다.

볼 러 예, 이기성 프로님 팬이기도 하고 원포인트 레슨을 받고 싶어 왔습니다.

핀헌터 오늘 여기서 볼링해보시니까 어떠셨나요?

볼 러 많은 게임이 치러져서 그런지 레인이 많이 돌더라고요. 평소보다 10
쪽 이상 이동해서 하고 있는데요, 그래도 감이 잘 안 잡힙니다.

핀헌터 평소에 쉬운 레인에서만 하다가 다른 볼링장도 경험하는 게 중요하
죠. 어프로치 상태도 다르고, 레인의 마찰도 다를 수밖에 없으니까
요. 볼링장에 빨리 적응할수록 실력이 많이 늘 겁니다. 일단 볼러분
자세를 한번 보겠습니다.

볼 러 (2회 투구한다)

핀헌터 볼링을 정말 오랫동안 해 오신 것 같은데요.

볼 러 예, 한 15년 정도 했습니다.

핀헌터 손동작이 엄청 화려하시네요. 서너 번 움직이시는 것 같아요. 하지만

이 동작을 오랫동안 연습해서서 자신에게 맞는 리듬과 박자가 나오는 거잖아요. 꼭 고쳐야 하는지 묻는다면 구태여 고칠 필요는 없다고 봅니다. 이 동작을 반복해서 똑같이 할 수 있다면 굳이 고치지 않아도 됩니다.

투구 자세를 촬영해서 틈틈이 살펴보는 것도 좋은 습관입니다. 손은 많이 움직이지만 릴리스는 아주 부드럽고, 힘 전달이나 스피드도 잘 나오고요. 나쁜 버릇도 내게 잘 맞고 스윙하는 데 문제가 없다면 고칠 필요는 없습니다. 괜히 수정하려다 되레 망칠 수도 있고 스트레스도 굉장할 테니까요.

볼 러 저도 의식하지 않고 있기 때문에 별 신경은 쓰이지 않더라고요.

핀헌터 자신이 의도하지 않게 나오는 동작이라도 제구력에 아무런 지장이 없다면 바꾸지 않아도 됩니다. 제가 알려드리는 동작만 맞다는 분이 더러 있는데, 그렇지 않더라도 '난 이 동작이 몸에 착착 달라붙고 편하다'면 자신의 동작을 무리하게 수정할 필요는 없겠죠. 올한 해도 즐거운 볼링 생활하시기 바랍니다.

볼 러 감사합니다.

*"스텝이 가벼우면
밸런스가 약화되고
스피드를 끌어올리기가 어렵다"*

핀헌터 제가 평소에 알고 지내는 동생이 볼링에 막히는 부분이 있다고 합니다. 볼링한 지는 얼마나 되었나요?

볼러 1년 반 정도 됐어요.

핀헌터 그동안 해오면서 볼링의 매력이 뭐라고 생각해요?

볼러 스트라이크를 치면 가슴이 뻥 뚫리더라고요. 그런 매력 때문에 시작했는데 계속 하다 보니 더 어려워집니다. 절대 쉬운 게 아니더라고요.

핀헌터 그럼 자세를 보고 미흡한 점은 저와 함께 해결해 보겠습니다.

볼러 (2회 투구한다)

핀헌터 제가 보니 스텝이 너무 가벼운 거 같군요. 스텝의 밸런스가 좀 약하달까. 실업선수나 여성 프로선수 등, 베테랑을 관찰해보면 스텝이 아주 단단하게 느껴지죠. 하지만 볼러님은 아주 가벼워요. 허벅지로 걷지 않아서 가벼운 겁니다. 허벅지에 무게를 싣고 걸어간다고 생각해 보세요. 우리는 대개 종아리를 써서 걷는데, 볼링을 할 때 좀더 무겁게 걸으려면 살짝 기마자세처럼 자세를 낮추면 됩니다.

측면에서 볼 때는 양쪽 귀와 엄지발가락을 일치시켜 주고, 상체는 너무 꼿꼿이 세우지 말고 살짝 구부립니다. 양쪽 귀가 엄지발가락에 있다는 생각으로 엉덩이를 살짝 뒤로 빼고 스텝을 밟으면 허벅지로 걷는 느낌이 듭니다.

스텝이 가벼우면 밸런스가 약화되고 스피드를 끌어올리기가 어렵습니다. 하체가 튼튼해야 볼링을 잘 할 수 있다는 말을 많이 하는데, 이처럼 하체는 볼링의 꽃이라고 합니다. 상체의 힘을 빼면 뺄수록 볼링을 잘한다고 합니다.

볼링 스텝을 무겁게 안정적으로, 무게를 잘 실어서 걷고 싶다면 허벅지 안쪽에 무게를 실어야 합니다. 어프로치에 올라와서 투구 자세를 취할 때 무릎을 낮추는데, 조금만 낮추면 곤란합니다. 엉덩이를 뒤로 빼서 상체를 앞으로 가게 합니다. 그러면 허벅지에 무게가 실리는 것을 느낄 수 있을 겁니다. 스텝 내내 무게에 대한 긴장감이 빠지지 않는다고 생각하면 안정적인 스텝을 기대할 수 있습니다.

엄지발가락을 조금 들고 무릎과 무릎을 붙여 무겁게 걸으면 오른쪽 허벅지에 묵직한 느낌이 올 겁니다. 이렇게 하체를 훈련해두면 어프로치도 덜 타게 됩니다. 어프로치가 미끄럽거나 빽빽해서 스텝이 일정치 않다면 스텝이 약한 것이니 평소에 스텝 연습을 해두세요. 허벅지 안쪽에 무게를 싣고 스텝을 밟을 수 있다면 어프로치 컨디션은 크게 문제가 되지 않을 겁니다.

"'어디로 공을 보낼 건지'
준비가 되어 있어야 한다"

핀헌터 오늘 만나볼 볼링 클럽은 '핀넘'입니다. 초보자들이 모인 클럽이라
고 하네요, 제가 초보 볼러들께 많은 도움을 드리고자 볼링장에
왔습니다. 핀넘 클럽 회장님을 모시겠습니다. 안녕하세요. 원 포인
트 레슨을 신청하게 된 계기가 있나요?

볼 러1 저희가 초보 볼러만 모이다 보니 지식이 좀 부족해서 신청하게 되었
습니다.

핀헌터 제가 얼마만큼의 도움을 드릴 수 있을지는 몰라도 제가 알고 있는
지식 안에서 최선을 다해보겠습니다. 그런데 클럽 이름이 좀 특이한
데요, '핀넘'이 무슨 뜻인가요?

볼 러1 '핀을 넘어뜨려'를 줄여 '핀넘'이라 지었습니다. '핀을 다 넘어뜨리
자'는 의미입니다.

핀헌터 구력은 얼마나 되셨나요?

볼 러1 본격적으로 볼을 사서 한 지는 2~3개월 정도 됩니다.

핀헌터 아, 그래요. 핀을 다 넘어뜨리기에는 아직 구력이 짧은 것 같지만, 레
슨을 하면서 문제점이 있으면 제가 고쳐드리겠습니다.

볼 러1 (투구한다)

핀헌터 스텝을 밟을 때는 발을 끌면 안 됩니다. 끄는 동작이 있으면 힘을 쓰지 못하거든요. 뒤꿈치에서 앞꿈치로 걸어간다는 느낌으로 스텝을 밟아줍니다. 엄지발가락을 살짝 들어서 걸어간다고 생각하면 쉽게 고칠 수 있습니다.

볼 러2 (투구한다)

핀헌터 볼링 하신 지는 얼마 안 되셨죠?

볼 러2 예

핀헌터 어드레스 자세가 너무 빨라요. 공을 들고 올라서면 몸을 정렬해야 합니다. '어디로 공을 보낼 건지' 준비가 되어 있어야 합니다. 그런데 지금 보면 공을 잡고 바로 출발하더라고요. 볼링은 많이 재면 잴수록 좋아집니다.

어느 지점을 겨냥해서 볼을 던지는데 예비 동작이 없이 그냥 던지면 잘 맞출 수가 없지요. 목표 지점에 볼을 잘 놓으려면 준비를 해야 합니다. '이 정도 각도로 던지면 될 거야.' 라는 계산이 있어야 한다는 겁니다.

공은 어떻게 잡고, 어느 스폿을 보고, 어떻게 굴릴 건지 생각하는 것이 첫 번째입니다. 이를 생략한 채 바로 스텝을 밟으면 정확한 스폿에 놓기가 어려워집니다.

볼 러3 (투구한다)

핀헌터 제가 투구하는 걸 3프레임 정도 봤는데요, 리듬과 밸런스는 전반적으로 훌륭합니다만, 타이밍은 좀 불안한 편이에요. 타이밍이 불안한 이유는 그립의 일관성이 떨어지기 때문입니다. 볼을 파지하는 방법과 커핑의 각도가 투구할 때마다 다르다는 건데요, 이유인 즉은 홀에 넣지 않는 손가락의 움직임이 너무 많기 때문입니다. 그리고 푸시에서 다운할 때 손목의 각도도 달라지니 타이밍이 불안해지는 겁니다.

우선 그립은 꽉 잡고, 손목은 백스윙할 때 젖히지 않는다고 생각해 보세요. 손바닥 위에 유리구슬을 올려놨다고 상상하고 투구해 보세요. 그럼 타이밍이 좀 일정해질 것 같습니다.

볼 러4 (투구한다)

핀헌터 혹시 거터로 빠지는 경우가 많나요?

볼 러4 예

핀헌터 스윙의 박자가 놀고 있으면 안 됩니다. 즉, 움직이는 공은 계속 움직여야 하는데, 백스윙에서 멈칫하고 움직이더라고요. 박자가 멈칫하는 순간 힘의 방향이 여기서 바뀌어 버리는 겁니다. 그럼 제구력을 발휘할 수가 없어요. 중간에서 멈추지 말고 투구해 보세요. 쉽게 연습하는 요령은 공을 들고 흔들면서 가는 겁니다. 공이 계속 움직이는 상태에서 투구해 보세요.

(레슨 후 볼러 1에게)

핀헌터 레슨을 받아 보니까 어떠세요?

볼 러1 기초부터 다시 연습해야 할 것 같습니다. 좀더 많이 배워서 실력을 올리도록 하겠습니다.

핀헌터 초보자는 기본동작을 숙지하는 것이 가장 중요합니다. 4스텝을 소화한 다음에 5스텝으로 넘어가는 게 좋습니다. 볼링은 리듬과 밸런스와 타이밍이 기본입니다. 리듬과 밸런스 및 타이밍을 확보한 후에 다음 단계로 넘어가야 슬럼프도 없고 제구력과 일관성도 기대할 수 있습니다. 감사합니다.

볼 러1 감사합니다.

"힘으로 볼을 던지려고 하면
리듬과 밸런스가
무너진다"

핀헌터 평소 어려운 점이 많다고 들었는데요, 어떤 게 있을까요?

볼 러 RPM이 안 나오고, 대체적으로 리듬도 잘 맞지 않는 것 같습니다.

핀헌터 아, RPM과 리듬, 밸런스를 찾고 싶다는 말씀이군요. 우선 투구하
는 모습부터 보겠습니다.

볼 러 (투구한다)

핀헌터 그립의 일관성이 좀 떨어지는 것 같습니다. 내가 잡은 손가락 모양
은 백스윙에서 풀려버립니다. 그럼 이 상태로 내려올 수밖에 없어요.
이때 중약지보다 엄지가 먼저 내려오면 중약지는 걸리지 않게 됩니
다. 리프팅을 만들 수 없다는 이야기죠. 백스윙 때는 손이 뒤로 젖혀
져도 됩니다. 다만 떨어질 때는 중약지가 엄지보다 앞에 나와 있어
야 합니다. 그러려면 처음 공을 들었을 때 중약지 손톱이 자신을 바
라본다고 생각해 보세요.

모든 스윙 동작에서 손톱이 나를 본다고 상상하면 됩니다. 손톱의
방향을 유지해야 합니다. 아울러 그립이 끝까지 가려면 처음 잡은

상태를 유지하는 것이 중요합니다. 제가 공에서 엄지를 빼볼 건데요, 공을 당겨도 엄지가 빠지지 않으면 커핑이 잘 된 겁니다. 그립은 당겨도 안 빠진다. 중약지 손톱은 나를 본다는 것, 이 두 가지만 기억하세요.

볼　러 (투구한다)

핀헌터 그립과 릴리스는 그렇게 교정하면 되는데요, 스피드는 좀 어렵습니다. 다리와 허리를 써서 스피드를 내는 요령을 일러드릴게요. 볼링공의 스피드는 '팔'로 만드는 것이 아닙니다. '더 세게 던져야지!' 힘이 좋다면 세게 던질 수는 있지만 제구력은 떨어질 수밖에 없죠. 힘으로 볼을 던지려고 하면 리듬과 밸런스가 무너지기 때문입니다. 스피드는 하체의 도움을 받아야 개선되는데 다리와 허리를 쓰면 릴리스도 부드러워지고 구속을 올리기도 쉽습니다.

우선 스텝에서 '킥'을 구체적으로 설명해볼까 합니다. 지금 스텝은 왼편으로 많이 떨어지는 편이예요. 몸의 중심은 배꼽인데, 팔과 다리는 몸의 중심으로 들어와야 합니다. 그래야 힘을 가장 강하게 쓸 수 있거든요. 왼발이 왼쪽으로 빠지면서 스윙을 구사하면 힘이 분산되기 쉽습니다. 힘이 모이지 않는다는 이야기죠. 슬라이딩 직전의 발(킥)로 모든 것이 결정됩니다.

무릎은 많이 낮출수록 펴지는 정도도 많아지게 마련입니다. 슬라이딩 직전에는 무릎이 가장 낮아야 합니다. 킥 발의 방향은 약간 바깥쪽으로 틀고, (4스텝 기준으로) 하나, 둘, 셋에서 엄지발가락을 축을 삼아 왼쪽으로 살짝 돌려서 밀고 나가면 됩니다. 그러면 킥의 힘이 엄청 강해지죠.

물론 클래식 스텝도 무방하지만, 강한 킥과 높은 스피드를 구사하고 싶다면 '세 번째 스텝'에서 오른발을 바깥쪽으로 튼 채 무릎은 낮추고 발을 살짝 돌린 후 왼발을 밉니다. 이때 왼발의 방향은 몸의 중심에 와야 하니 배꼽으로 밀어줍니다. 그러면 팔이 몸에 붙으면서 힘이 집중될 겁니다. 쉽게 하려면 구분동작으로 연습해 보세요.

연습 요령

1. 오른발을 바깥쪽으로 틀고
2. 무릎을 낮춘 뒤
3. 슬라이딩한다(이때 슬라이딩하는 힘이 스텝에 들어가야 한다)

저자소개

이기성
——

핀헌터 프로팀 구단주

유튜브 구독자가 4만에 육박하는 KPBA 프로볼링 선수
겸 유튜브 스포테이너. 볼링 초보에서 고급자를 대상으로
이해하기 쉬운 볼링 강의로 정평이 나있으며, 김포에서
프로샵과 볼링캠프를 운영하고 있다.